카메라,

편견을 부탁해

카메라, 편견을 부탁해

낯선 생각을 권하는 가장 따뜻한 사진

초판 1쇄 발행 2015년 11월 10일
초판 8쇄 발행 2021년 5월 25일

지은이   강윤중
펴낸이   이영선

편집   이일규 김선정 김문정 김종훈 이민재 김영아 김연수 이현정 차소영
디자인   김회량 이보아
독자본부   김일신 김진규 정혜영 박정래 손미경 김동욱

펴낸곳 서해문집 | 출판등록 1989년 3월 16일(제406-2005-000047호)
주소 경기도 파주시 광인사길 217(파주출판도시)
전화 (031)955-7470 | 팩스 (031)955-7469
홈페이지 www.booksea.co.kr | 이메일 shmj21@hanmail.net

ⓒ강윤중, 2015
ISBN 978-89-7483-752-5 03300

이 도서의 국립중앙도서관 출판예정도서목록(CIP)은 서지정보유통지원시스템 홈페이지(http://seoji.nl.go.kr)와 국가자료공동목록시스템(http://www.nl.go.kr/kolisnet)에서 이용하실 수 있습니다.(CIP제어번호: CIP2015028899)

이 책은 관훈클럽신영연구기금의 도움을 받아 저술 출판되었습니다.

낯선 생각을 권하는 가장 따뜻한 사진

강윤중. 찍고. 쓰다.

카메라,
편견을
부탁해

서해문집

무엇이든 그 실체를 또렷이 봐야
걷어 내는 일도 가능하다

나는 장애인이 아니지만 장애인에 대해 잘 알고 있다고 생각했다. 그래서 '장애인에 대한 편견은 없다'는 것을 딱히 의심할 이유가 없었다. 하지만 카메라를 들고 장애인에게 좀 더 깊이 다가가려 했을 때 비로소 내 안 구석구석에 자리하고 있는 '닫힌 생각들'의 실체를 확인할 수 있었다. '편견이 없다'는 그동안의 생각은 거짓이었다.

　내 무지와 그로 인한 숱한 편견을 인정하는 것에서 이 책은 시작된다. 나는 가난하지 않아 가난한 이의 한숨을 모르고, 이성애자라 동성애자의 고통을 모르고, 늙지 않아 나이 든 어르신의 외로움을 모른다. 죽음을 부르는 병에 걸린 적이 없어 죽음을 앞둔 이의 두려움을 모르고, 남의 땅에서 일해 보지 못해 이주노동자의 절망을 모른다. 하지만 이 모든 것을 나는 '안다' 또는 '이해한다'고 생각하며 살았다. 무지와 편견으로 무장한 채 누군가의 삶에 대해 참 쉽게 말하며 살아온 것이다.

'낯선 삶'에 카메라를 들었다. 어쩌면 나의 편견이 그리로 이끈 것일지도 모른다. 막상 다가가서는 내 안의 편견을 들키지 않으려 안간힘을 썼다. 하지만 더 구체적인 모습으로 고개를 드는 편견들을 부끄럽게 인정해야 했다. 카메라는 내 편견을 드러내고 동시에 그것을 깨기 위한 도구였다. 무엇이든 그 실체를 또렷이 바라봐야 걸어 내는 일도 가능한 것 아닌가.

생각해 보면, 나는 살다가 장애를 가질 수 있고 가난해질 수 있으며 시간이 흐르면 그만큼 늙어 갈 것이다. 그런 내 삶의 가능성과 법칙을 받아들인다면 타인을 향한 편견이라는 것은 기만적인 일이다.

만약 독자들이 책에서 좀 낯설고 불편하게 느껴지는 사진과 글을 본다면, 어쩌면 자기 자신의 편견과 마주한 순간일지도 모른다.

나는 이 책을 '사람여행서'라고 소개하고 싶다. 사람을 찾아가는 것이 여행과 닮아서다. 미지의 여행처럼 타인의 삶을 보고 듣고 느끼며 알아 가려 했다. 여행에서 자신을 만나듯 다양한 삶의 거울에 나를 비춰 보기도 하고 낯선 나를 발견하기도 했다. 돌아오기 위해 떠나는 것이 여행이라고 했던가. 오랜 여행에서 돌아오면 내 삶의 자리가 낯설고 새로워 보이는 것처럼 사람을 만나고 돌아오면 가볍지 않은 여운이 가슴 한편을 뻐근하게 했다. 그 울림의 정체는 '변화'가 아닐까. 누군가의 삶에 들어갔다가 빠져나오면 이전과는 조금 달라진 나를 보게 된다. 떠나고, 만나고, 돌아오고, 변하는 과정이 '사람여행'이라는 단어 속에 오롯이 담길 것 같다.

어느 글에서 이런 비유를 읽었다. 누군가 공사장 인부에게 '무엇을 하고 있느냐'고 물었다. 어떤 이는 벽돌을 쌓고 있다고, 어떤 이는 돈벌이를 하고 있다고 답했고, 또 어떤 이는 성당을 건축하고 있다고 말했다. '사진기자로 살며 나는 무엇을 하고 있나' 하고 가끔 묻는다. 일상에서 찾아오는 나태와 무기력 앞에 스스로 묻는 것이다. 내 카메라는 무엇을 향하고, 내게 '성당 건축'은 어떤 것이냐는 물음이다. 고민 끝에 내린 답은 '사람'이었다. 사람에 대한 사랑과 다양한 삶에 대한 공감을 담아내는 것이 내가 만들어갈 '성당'일거라 생각한다.

이 책에 담은 16개의 꼭지는 경향신문 사진 기획물 '포토다큐'를 통해 만난 인연들의 이야기다. '포토다큐'라는 제목에서 짐작되듯 사진을 먼저 내세우는 기획이다. 대상이 카메라를 받아들이지 않는다면 아무것도 할 수 없다. 만나는 이들과의 교감이 늘 우선이었고 그 과정에서 오랫동안 몸에 밴 직업적 조바심을 눌러야 했다. 카메라를 쉽게 들지 않겠다는 스스로의 약속을 지키려 애썼다. 다가가는 과정에서 언론과 기자에 대한 불신의 벽을 매번 절감했다. 공감하려는 나의 진정성이 전해질 때 취재원은 마음을 열었다. 그리고 자신의 삶을 온전히 내보였다. 마음의 문이 열리는 순간은 시간이 지나도 잊히지 않는 감동이자 보람이다.

삶을 사진에 담아내기 위한 과정으로서 '다가가기'였지만, 오히려 사진이 부수적인 것으로 밀려나곤 했다. 결과보다 과정에 충실한 기록을 하고 싶었다. 지면에 다 풀어놓지 못한 이야기와 사진을 다시 정리해 둔 것이 책이 되어 나오게 됐다. 다소 거북스러운 카메라를 인내

6

하며 받아 준 모든 분들께 마음 담아 감사 드린다.

멋진 어휘와 문장을 엮어 낼 능력이 없고, 백 마디 말보다 나은 한 장의 사진을 내보일 재주도 부족하지만 진실하게 고민하고 바라봤던 것을 책에 담았다. 각 이야기에 실린 몇몇 사진에는 간단치 않은 이야기가 녹아 있다. 글을 읽는 시간만큼 사진에 시선이 머물렀으면 하는 것이 사진하는 사람으로서 바람이다. 바로 '나'일수도 있는 주변의 삶을 공감해 보려는 것이 이 책의 독법일 것 같다. 한 장의 사진, 한 줄의 문장이라도 읽는 이의 가슴에 가 닿았으면 좋겠다.

책 한 권 내고 싶다는 바람을 가진 이후 꽤 오랜 시간 책을 내겠노라고 주위 사람들에게 떠벌렸다. 포기하면 안 된다는 의지와 객기의 표현이었다. 마치 "늑대(책)가 나타났다(곧 나온다)."고 외치는 소년처럼. 양치기 소년의 거짓 혐의를 벗게 해 주신 서해문집 김선정 주간님, 하선정 편집자님께 고마움을 전한다. 우리 경향신문 식구들, 특히 늘 힘이 되는 사진부 선후배들과 첫 책의 설렘을 나눈다. 사랑하는 부모님, 아내 허선영, 딸 현명과 출간의 기쁨을 함께한다.

처음이란 것이 그렇듯 즐거운 긴장감도 있고 가볍지 않은 책임감도 느낀다. 이제 책은 내 손을 떠난다. 종이를 내어 준 나무 이상의 가치가 있기를 소망한다.

강윤중

01

'막장'이란 말
함부로 하지
마세요

연탄 재발견

한 광부는
아이가 부모 직업란에 '광부'라고
당당하게 쓰지 못하는 것이
슬프다고 했다

직업의 불안보다 타인들의
시선이 만들어 놓은
왜곡과 부정적 이미지가
더 불편한 것이다

연탄, 궁핍과 가난의
다른 이름

별들도 얼어붙을 듯 시린 겨울 새벽. 아버지는 두꺼운 이불을 슬그머니 밀어내고 고단한 몸을 일으키셨다. 아이들의 곤한 잠을 깨울까 발걸음은 조심스럽다. 문을 열자 찬바람이 훅 달려들어 잠을 말끔히 걷어 냈다. 연탄아궁이 아래, 다 타 연주황으로 변한 연탄을 꺼내 한쪽에 가지런히 쌓았다. 불씨가 살아 있는 반쯤 탄 연탄을 다시 아궁이 아래쪽에 깔고 그 위로 까만 새 연탄을 올렸다. 그리 길지 않은 시간 동안 이뤄지는 아버지의 연탄 갈이는 마치 종교 의식 같았다. 간밤에 방바닥 틈으로 스며 나온 연탄가스에 누가 병원에 실려 갔네 또 누가 죽었네 하는 소식이 간간이 들려오던 때다. 깊은 잠의 시간, 목숨을 위협하던 연탄을 다루는 아버지의 모습이 어떤 의식으로 기억에 재생되는 것이 당연할지도 모르겠다. 추위와 연탄가스에서 가족을 지켜야 했으니. 아버지는 이불을 차 버린 자식들에게 이불을 끌어 덮어 주며 잠든 모습을 지긋이 바라봤을 것이다. 그때 무슨 생각을 했을까. 눈으로 새긴 장면이건만 아련하여 꼭 꿈인 듯 느껴진다.

이제 웬만한 도시 생활에서 보기 힘든 연탄이다. 가끔 매체에 등장하는 연탄은 궁핍과 가난의 다른 이름이기도 하다. 오래 잊고 살았고 그렇게 잊혔지만 이 '서민 에너지'는 사라진 적이 없었다. 아직도 누군가의 삶을 데우고 있는 절실한 물건이었다. 연탄은 서글픈 잊힘 속

연탄은
서글픈 잊힘 속에서도
쉼 없이
그 검은 몸뚱어리를
태우고 있었다

에서도 쉼 없이 그 검은 몸뚱어리를 태우고 있었다. 속도조차 가늠하기 힘든 이 사회에서 누군가의 '경건한 의식'은 곳곳에서 이어지고 있었던 것이다. 서민의 가계가 어려워지다 보니 겨울이 되면 비싼 기름 대신 연탄을 때는 이들이 늘었다. 옛 기억에 묻혀 그 존재가 망각된 연탄이 다시 뜨고 있다. 연탄이 '부활'하고 있다.

서울 이문동 '삼천리 연탄'은 서울에 두 곳 남은 연탄 공장 중 하나다. 도로에서 접어든 비포장 길을 덜컹대며 들어가는 동안 연탄을 실은 트럭 서너 대가 지나간다. 공장의 모습은 어떨까? 머리에 그리는 순간 눈앞에 공장이 가로막듯 나타났다. 드라마 세트장 같았다. 드라마 속 친절한 회상 장면은 종종 흑백으로 처리되지 않는가. 공장은 흑백 화면처럼 펼쳐져 있었다. 부서진 연탄 조각들을 쌓아 놓은 조그만 산들, 탄가루가 가득 앉아 있는 땅바닥, 검은 가루에 뒤덮여 세월을 견뎌 온 공장 건물, 까만 컨베이어, 그 위를 지나는 연탄, 연탄을 나르는 시커먼 장갑, 연탄이 차곡차곡 쌓이는 낡은 트럭…… 온통 까만 세상이다. 다른 색을 띤 것들도 까만색의 기세에 눌려 검은 노랑, 검은 연두쯤으로 불러도 될 것 같다. 햇빛에 반사되는 눈부신 모서리만 이질적인 색을 띤 채 흑백 영상은 계속 흘렀다.

공장 내부는 첨단의 맛이 전혀 없다. 복잡하고 거대하고 완고해 보이는 낡은 기계 설비가 단단하게 버티고 섰다. 한창때는 쉴 새 없이 돌았을 라인이다. 낮 시간이라 그런지 한가롭게 멈춰 있었다. 공장 외부로 연결된 컨베이어 벨트 위로 난 창에는 차갑고 예리한 오후 햇살

이 파고들었다. 연탄의 분진은 비스듬한 직선으로 쏟아지는 햇볕의 모양대로 끓듯이 분주하게 오글거리고 있었다. 그 작은 입자들의 움직임은 노골적이었다. 그제야 내가 마스크를 쓰지 않았다는 것을 깨달았다. 신기한 듯 구석구석 살피며 돌아다니다 분진의 존재를 눈으로 확인하자마자 갑자기 숨이 가빠지고 코와 목이 간질거렸다. 이어 기침이 났다. 원효대사의 해골 물을 생각했다. 원효는 득도를 하였다지만, 나는 오직 후회뿐이었다. 미세한 분진의 실체를 확인하고는 도망치듯 뛰쳐나왔다.

'그래 낮보다는 분주한 새벽 시간이 사진 찍기에는 더 적합해. 내일 다시 오자.' 이날 들이마신 탄가루는 다음 날까지 코와 입 등에서 나오는 모든 액체 속에서 검출됐다. 이후 공장 내부로 들어설 때는 두 개의 마스크를 착용해야 했다.

태양보다 부지런한 사람들

까만 새벽에 다시 찾은 공장은 더 강렬한 흑백이었다. 한겨울 게으른 해보다 부지런한 사람들의 트럭들이 공장 주위에 길게 늘어섰다. 차량의 주인들은 연탄을 뱉어 내는 컨베이어 옆으로 차를 바짝 대고 허리 펼 새도 없이 연탄을 실었다. 차량 행렬이 안 그래도 바쁜 몸을 한층 더 재촉했다. 컨베이어 앞에서 김주연 씨 부부도 호흡을

"라면은 구공탄에 끓여야 제맛!"

만화영화〈둘리〉에 등장하는 마이콜이 기타를 치며 부르는 노래 속에는 연탄의 전신 '구공탄'이 등장한다. 1980년대만 해도 대한민국 가정의 78퍼센트가 연탄을 주연료로 사용했을 만큼 당시 연탄은 서민들의 대표 난방 연료였다.

하지만 기름보일러, 가스보일러가 등장하면서 서민들의 연탄 사용은 크게 줄어들었고, 빈민촌의 일부만 난방비 절약을 위해 연탄을 사용해 왔다. 그러다가 2000년대 들어 오히려 음식점에서 수요가 급증하면서 연탄 생산에도 작은 활기가 띠었다.

맞춰 빠르게 연탄을 쌓았다. 하루 1,000~2,000장의 연탄을 싣고 산 매업을 한다는 인상 좋은 김 씨 부부를 따라 나섰다. 미리 연탄 주문을 받은 가정을 찾아 서울과 인근 경기도 지역까지 정신없이 차를 몰았다. 100~200장씩 연탄을 내려놓는 곳은 대게 서울의 변두리로 넉넉지 않은 살림살이의 집이나 가게였다.

"잘돼요?"

"그저 그렇지요. 어때요?"

"바쁘기만 하지요. 뭐."

영세한 가게에 연탄을 들이며 주문자와 배달자가 주고받는 대화는 많은 것이 생략된 채 오갔다. 김 씨 부부는 17년째 연탄 배달을 하고 있다.

"동네 연탄 소매점이 거의 사라져서 도매와 소매를 같이 해요. 사실 일이 힘들어 IMF 전에 다른 일을 해야겠다고 생각했는데, IMF 이후에 연탄 찾는 사람들이 꾸준히 늘어서 그만두지 못했어요."

단골들의 누추한 골목을 누비며 연탄을 내려놓는 동안, 부부는 낭비 없는 동작으로 환상의 호흡을 보였다. 트럭을 연탄 들일 창고에 바짝 댈 수 있으면 아내는 차 위에서 두 장씩 연탄을 던지고, 남편은 이를 받는 동시에 가지런히 쌓아 올렸다. 조금이라도 불필요한 동작이 개입되는 순간 연탄은 박살 난다. 트럭에서 조금 떨어진 지하 창고나 보일러실은 양손에 넉 장씩 집게로 집어서 총총걸음으로 옮겼다. 동작은 간결했다. 반복되는 동작의 경이로움을 관찰하면서 힘겨운 노동을 카메라로 들여다보고 있으려니, 참 한가하고 얄미운 모습이겠다

싶었다. 게다가 앵글을 잡는답시고 연탄을 옮기는 동선을 방해하고
서 있기도 했으니. 범접하지 못할 경지처럼 보이는 일련의 작업 앞에
서 조금 망설였다. 그리고 카메라 대신 남는 집게를 들었다.

"저도 일 좀 하겠습니다."

"두세요. 옷 버려요."

'방해 된다'는 말의 완곡한 표현이었을 것이다. 연탄이 깨지기라도
하면 장당 250원씩(2004년 가격) 날아간다. 부부가 하는 것처럼 한 손
에 넉 장씩 양손에 8장을 집어서 들었다. 아니, 들려고 했다. 예상한
무게 정도만큼의 힘을 썼더니 들리지 않았다. 쉽게 본 것이다. 연탄
한 장이 3.6킬로그램이다. 다시 '끄응' 하고 배에 힘을 줬더니, 그제야
연탄이 바닥에서 분리됐다.

"생각보다 무겁습니다."

머쓱해 웃었다.

"그만해요, 힘들어요." 몇 차례 오가며 나르자 "생각보다 잘하네."
하고 칭찬 한마디 보태 준다. 자신감이 붙어 이날 이후 며칠간 부부
를 따라나설 때마다 카메라도 들었지만 그만큼 집게도 들었다. 팔에
는 묵직한 알이 배긴 채로. 부부는 하루 종일 연탄을 싣고 나르는 고
된 작업 속에서도 넉넉한 웃음을 잃지 않았다.

며칠 간 실컷 본 연탄. 문득 '저 연탄은 맨 처음 어디서 왔을까?' 생
각했다. 마음은 이미 탄광으로 내달렸다. 질긴 연락과 부탁 끝에 대한
석탄공사 측에서 어렵게 취재를 허락해 주었다. 나는 강원도 태백시
장성광업소 철암탄광으로 향했다. 가는 길에 한창때 잘나갔으나 지금

은 폐쇄된 탄광과 탄광촌의 을씨년스러운 모습을 목격했다. 이 쓸쓸한 장면과 석탄공사 관계자가 통화 중 반복적으로 덧붙였던 "탄광 근로자들은 사진 찍히는 것을 싫어해요."라는 말이 오버랩 됐다. 난생처음 가는 탄광을 목전에 두고 걱정과 설렘이 뒤섞였다. 인적이 드문 썰렁한 탄광촌에서 하룻밤을 묵고 이른 아침 장성광업소를 찾았다. 생산 부장이라는 분이 내준 작업복과 헤드랜턴을 착용했다. 거울을 보며 옷이 사람을 규정한다는 것을 새삼 깨달았다. 내게 썩 잘 어울렸다. 갱도 열차를 타고 가늠할 수 없는 깊은 터널 속으로 빨려 들어갔다. 미로처럼 얽혀 있는 길을 내려가다 갈림길에서 다른 열차로 갈아타고 탄광의 가장 깊은 곳, 막장으로 향했다.

더 들어갈 데 없는 끝, 막장

갱도 안은 다른 세계였다. 바깥은 영하의 날씨지만 탄광은 깊어질수록 더 짙은 열기가 몸에 착 감겨 왔다. 한참 만에 도착한 막장. 지열과 습기로 답답해지기 시작했다. 수직으로 1킬로미터 내려왔으니 막장은 해수면 기준 400미터 아래에 있었다. 섭씨 30도에 습도 98퍼센트. 최소한의 불빛만을 밝힌 막장. 내 카메라는 빛이 부족한 곳에서 작동하는 게 버겁다. 닦는 동시에 렌즈를 뒤덮어 버리는 습기는 셔터 작동을 방해했다. 갱도의 끝, 발파와 탄을 실어 나르는 기계

소음과 진동은 빠져나가지도 못하고 갱도 벽에 튕기며 머물렀다. 그 진동과 굉음은 처음 찾은 이에게는 공포였다. 막장의 노동, 막장에서의 삶을 경험하지 못한 이들이 '인생의 막장'이니, '막장 드라마'니 하며 부정적 의미를 붙여 지껄여 대는 것에 대한 경고일지도 모를 일이다. '막장은 새로 시작하는 곳'이라는 외침 같기도 했다. 더 들어갈 곳 없는 끝에서 나는 숨이 막혔고, 벗어나고 싶어 허둥댔다. 금세 땀범벅이 되고 흘러내린 방진 마스크는 코와 입이 아닌 턱을 가리고 있었다. 습기와 함께 텁텁한 석탄가루는 가쁜 호흡을 할 때마다 폐 깊숙이 스며드는 듯했다. 하지만 막장 광부들의 채탄 작업은 차분하게 이어졌다. 두 명의 광부가 폭파에 이어 내려앉은 탄을 재빨리 긁어 내렸다. 탄은 덜덜거리는 컨베이어에 실려 옮겨졌다.

"이런 작업을 할 수 있는 건강과 기회가 있어 좋습니다."

막장의 소음 속에서 백승호 씨는 소리 질렀다. 그는 이어 물었다.

"가장 정직하고 깨끗한 일이지 않습니까?"

웃어도 웃는 게 아닌 그런 웃음으로 '네, 그렇습니다.'라는 말을 대신했다. 오래 버티지 못하고 사진 두어 장을 찍은 채 갱도 밖으로 나왔다.

숨을 돌린 뒤 갱도 입구에서 조금 걸어 들어간 곳에서 광부들의 작업 교대 시간을 기다렸다. 헤드랜턴을 켠 채 무리 지어 걸어 나오는 광부들이 보였다. 고된 노동 뒤에 터벅터벅 걸어 나오는 모습이 비장하고 숭고해 보였다.

'이 모습이다!'

나는 셔터를 몇 차례 눌렀다. 순간 광부 무리 속 여기저기서 얼얼한 욕들이 날아왔다. 석탄공사 관계자가 언급한 '거부감'의 실체를 확인한 것이다. 종종 매체에서 광부들의 삶은 '막장'으로 상징되며, 진폐증이라는 직업병과 퇴락한 탄광촌 등 부정적인 모습으로 묘사되곤 한다. 카메라의 플래시가 터지는 순간 이제껏 쌓인 불쾌감이 반사적으로 터져 나온 것이리라. 더 다가가지 못하고 그저 구경꾼의 입장에서 쓰는 글과 사진은 정작 이들의 진솔한 삶의 모습을 비껴가고 있었다. 상처가 됐고 그 상처는 치유되지 않은 채 날카로운 불신으로 남았다. 한 광부는 "아이가 부모 직업란에 '광부'라고 당당하게 쓰지 못하는 것이 슬프다."고 했다. 직업의 불안보다 타인들의 시선이 만들어 놓은 왜곡과 부정적 이미지가 더 불편한 것이다.

　난처하면서도 미안했다. 사진을 몇 장 찍었다고 훌쩍 떠나기보다 좀 더 얘기를 나누고 싶었다. 나에 대한 변명이든, 그 무엇이든. 나 역시 또 하나의 상처만 보태고 떠나는 이가 되어서는 안 되겠기에. 막장에서 만나 사진을 찍었던 두 광부에게 소주 한 잔 사겠다고 했다. 나의 '사진 찍기'를 기꺼이 인내해 준 것에 새삼 고마움이 일었고, 감사의 표시는 하고 싶었다. 비계가 두툼하게 붙은 돼지고기에 찬 소주를 시원하게 들이켜고 싶었다. 갱도 입구에서 먹었던 얼얼한 욕도 가슴 한쪽에 걸려 있어 소주가 더 간절해지는 저녁이었다. 광부들이 고민

먼지 혹은 탄가루가 폐에 쌓여 폐의 세포에 염증과 섬유화가 일어난 상태로, 직업병의 하나다.

의 여지도 없이 안내한 곳은 낡아서 더 멋스러운 단골 식당이었다. 식당은 북적댔다. "탄가루에는 비계"라더니, 말로만 듣던 것을 직접 목격하고 경험하는 순간의 희열은 크다. 손님들은 예외 없이 탄광 직원들이었다. 방 안에 들어앉아 철암탄광 생산 부장, 막장 광부들과 잔을 부딪쳤고, 그 앞에서 두툼한 비계는 "따다닥 따다닥" 소리를 내며 익어 갔다. 홀에 삼삼오오 모여 앉아 잔을 기울이던 광부들이 우리가 앉은 방 안으로 힐끗 시선을 주더니, 검붉어진 얼굴로 번갈아 들어와 생산 부장에게 소주잔을 들이밀었다. 술기운이 묻은 얼굴 표정은 온화했지만 내게 보내는 시선은 왠지 차갑게 느껴졌다. '누구요?' 하는 떨떠름한 궁금증도 있는 것 같았다. 조금 용기를 내 인사하고, 연탄과 관련해 이러저러한 취지로 사진을 찍으러 온 기자라고 설명했다. 일부는 무관심했고 몇몇은 "일은 잘 되었느냐?"고 물었다. 그리고 소주한 잔씩을 권해 왔다. 잔을 내미는 사람이 바뀔 때마다 같은 인사를 반복했다.

"어 거기, 갱도 입구에서 사진 찍던 사람이오?"

누군가 거칠게 물어 왔다.

"아, 예. 혹시 갱도 입구에서……."

목소리가 안으로 기어들었다.

"아까 내가 큰 소리로 욕한 사람인데……."

"아, 그러세요?"

여기서 만나다니, 한편 반갑기도 했다. 탄광을 찾게 된 일련의 스토리를 좀 더 구체적으로 설명했다.

'막장'이란 말 함부로 쓰지 말라!
30~40도를 오르내리는 지열.
한 치 앞도 볼 수 없는 암흑, 시커먼 먼지.
이 모든 것들과 싸우는 곳, 막장

'막장'은 광산이나 탄광의 끝, 채광이나 채탄이 실제로 이루어지는 곳이다. 탄광 입구는 하나인데 갱도를 따라 들어가면 문어발처럼 수백 개의 막장이 있다. 사방이 온통 어둠뿐인 막장에서 광부들은 오로지 헤드랜턴 불빛에 의지해 석탄을 캔다. 수직 갱도를 따라 수백 미터를 내려가고 30~40도를 오르내리는 지열과 시커먼 먼지와 싸워야 한다.

석탄이 주요 에너지원으로 사용되었던 시절에는 태백에만 40곳이 넘는 탄광이 있었고 수천 명의 광부들로 넘쳐 났다. 그러나 고체 화석연료들이 석유와 원자력 등의 에너지원에 자리를 내주면서 폐광들이 늘어났고 그 많던 광부들도 다른 직업을 찾아 떠났다. 이제 몇몇 탄광만이 겨우 명맥을 유지하고 있을 뿐이다.

"그럼 진작 그렇게 말했어야지."

술자리에서는 누구나 관대해지는 모양이다.

"그럴 경황이 없었습니다. 자, 한 잔 하시지요. 이제 욕 안 하실 거죠?"

술과 방 안의 열기로 달아오른 얼굴에 잔뜩 귀여운 표정을 지어 보였던 것 같다. 술자리의 맛이기도 하겠지만, 욕하던 자와 욕먹던 자가 화해하고, 적어도 그 밤은 웃는 얼굴로 '형'과 '아우'의 관계를 맺었다. 탄광촌의 밤이 깊어 가는 동안 멋도 깊어 가는 식당의 방에는 벽을 따라 소주병들이 이열 종대로 전진해 오고 있었다. 이후 기억이 흐릿해졌다. 다음 날 머리는 깨질 듯 아프고 속이 쓰렸지만, 가슴속 걸려 있던 무언가는 말끔하게 씻긴 기분이었다.

베풂의
매개

연탄으로 겨울을 나야 하는 빈곤한 삶과 연탄 한번 보기 힘든 삶 사이에서 연탄은 정, 사랑, 베풂, 봉사의 매개로 작용하고 있다. 원주 밥상공동체가 운영하는 '연탄은행'은 강원도 원주시 원동의 허름한 교회 건물에 붙어 있었다. 은행이라 하여 그 규모를 그려 봤지만 정작 합판으로 만든 창고 위에 물결 모양의 슬레이트 지붕 하나 올린 작고 초라한 모습이었다. 이 은행은 지역의 독거노인, 저소득층 주민들이 필요한 만큼 수시로 가져갈 수 있도록 개방되어 있었다.

"연탄 두 세장이면 하루가 따뜻해요."

새끼줄에 엮은 연탄을 받아 든 한 노인은 행복한 표정으로 연탄을 보내준 이름 모를 이들에 대한 고마움을 몇 번이고 전해 달라 했다.

"너무 고마워요. 너무 고마워요."

독지가의 연탄 기증이 발단이 돼 시작한 '연탄은행'은 빈민과 후원자들을 '나눔과 사랑의 정'으로 묶어 주고 있었다. 연탄을 꿴 새끼줄을 꼭 쥔 채 언덕을 오르는 가난한 노인들의 뒷모습에서 삶의 무게와 살아 내야 한다는 의지가 함께 전해졌다. 적어도 들고 가는 저 연탄만큼의 행복이라도 매일 함께 하기를 진심으로 바랐다.

'추억의 연탄'이라지만 연탄에 기댄 삶들은 여전하고 그 속에는 온기가 배어 있었다. 하루 석 장의 연탄에 겨울을 나며 행복해할 줄 아는 사람, 고된 노동 속에서도 감사할 줄 아는 사람, 넉넉하지는 않아도 연탄으로 사랑을 나누는 사람, 모두 연탄을 닮아 뜨거운 우리의 이웃이었다.

02

낯설어서
오해했습니다

한국 속 작은 이슬람

서구의 범죄는 기독교나
가톨릭과 연결시키지
않으면서

이슬람을 국교로 하는
중동 지역의 범죄는
이슬람과 너무도 쉽게
이어 버려요

우리나라 최초의
이슬람 성원

　　애절하고 느리며 이국 색이 짙은 노랫소리가 흘러나왔다. 마음을 차분하게 가라앉힌다. 듣는 이를 어루만지고 위로하기 위한 노래인 것도 같았다. 서울 한남동 이슬람 중앙 성원에서 울려 퍼지는 이 야릇한 소리의 정체는 '아잔'이었다. 아잔은 예배당 안팎에서 잔잔하고 그윽하게 울려 예배의 시작을 알리고 있었다.

　이슬람식 건축물인 중앙 성원은 땅을 딛고 선 인간이 하늘의 신을 만나는 최적의 장소인 것처럼 주택가 가장 높은 곳에 있어서 쉽게 눈에 띄었다. 널찍한 계단을 올라 들어선 예배실은 넓고 천장은 높았다. 군데군데 굵은 기둥들이 높은 천장을 떠받치고 있었다. 붉은 바탕에 사원 모양의 흰색 무늬가 규칙적으로 박혀 있는 카펫이 깔렸다. 사방의 벽은 하늘색 계열의 타일을 둘러 붉은 카펫과 조화를 이루고 있었다. 예배실은 어두워 경건함을 더했다. 나약한 인간이 전지전능한 신에게 간절하게 손을 내미는 순간의 조건은 어둠인 것처럼 말이다. 빛을 받아들인 유리창이 창틀 모양의 빛 그림을 카펫에 그려 놓았다. 합동예배가 없는 평일 낮임에도 20여 명의 무슬림(이슬람교도)들이 성원을 찾아 기도를 했다. 무슬림들에게 새벽, 낮, 오후, 저녁, 밤, 하루 다섯 차례의 기도(살라)는 의무이다. 성원에 나오지 못할 경우에는 집이든 직장에서든 개인적으로 메카를 향해 무릎 꿇고 기도를 올린다. 서울 이태원의 명소가 된 이슬람 중앙 성원은 1969년 한국 정부가 성원

건립용 부지를 희사하고, 사우디아라비아 등 이슬람 국가가 건립 비용을 지불해 1976년에 개원했다. 우리나라 최초의 이슬람 성원이다.

이슬람의 휴일은 금요일이다. 금요일 낮 합동예배(주마)는 기독교로 말하면 주일예배이다. 합동예배가 있는 날은 무슬림들로 중앙 성원이 북적댄다. 이슬람 전통 복장에서 번듯한 신사복, 낡은 청바지까지 다양한 옷차림이다. 고급 세단을 타고 들어서는 외교관부터 무리 지어 걸어서 들어서는 외국인 노동자까지 다양한 부류와 다양한 피부색의 사람들이 모여들었다.

서둘러 성원에 들어선 무슬림들은 아잔이 울려 예배 시작을 알렸지만 바로 예배실로 들어서지 않았다. 지위 고하를 막론하고 예배실로 오르는 계단 옆쪽에 마련된 세면장으로 향했다. 흔히 보는 세면장과는 다르다. 허리보다 조금 낮은 높이에 수도꼭지들이 일렬로 십여 개 달려 있었다. 물을 받아 쓰는 흔히 보는 세면대는 없고, 물이 흘러 나오지 않도록 무릎 높이의 턱만 있다. 화장실을 찾다가 처음 이곳에 들어왔을 때 혼란스러웠다. 남자 화장실의 구조로 볼 때 세면장 수도꼭지 위치가 영락없는 소변기 자리다. 고개를 갸우뚱하면서도 이슬람식 남자 화장실인가 싶기도 하고, 좀 많다 싶은 수도꼭지는 휴지를 쓰지 않는다는 무슬림의 용변 습관으로 넘겨짚었다. 하지만 곧 깨닫게 되었다. 예배를 앞둔 무슬림들은 이곳에서 기도하듯이 경건한 모습으로 몸의 부분들을 씻어 냈다. '이곳에 소변을 봤으면 목숨을 부지하기 어려웠을 거야.' 이렇게 생각하며 안도했다. 누구든 낯선 이곳에선 나

중앙 성원은 땅을 딛고 선 인간이
하늘의 신을 만나는 최적의 장소인 것처럼
한남동 주택가 가장 높은 곳에 위치해
쉽게 눈에 띄었다

와 같은 의문을 품었으리라.

이슬람교는 청결을 중시하는 종교이기 때문에 무슬림들은 세면장에서 깨끗한 물로 '우두(부분 세정)'를 한다. 쉽게 말하면 세상의 때를 씻는 행위이다. 손과 입, 코, 얼굴, 팔뚝, 머리, 귀, 발까지 순서대로 씻는다. 우두를 한 뒤 화장실을 가거나, 방귀를 끼면 다시 우두를 해야 한다.

우두를 마친 이들이 대예배실로 향했다. 예배실에는 전부 남성이다. 히잡을 쓴 여성들은 보이지 않았다. 세면실에서도 무슬림 여성의 모습을 보지 못했다는 것을 그제야 알아챘다. 중앙 성원의 관계자는 여성은 예배도, 우두도 별도로 마련된 곳에서 한다고 했다. "이슬람식의 여성 차별 아닌가요?" 하고 물었더니, "이슬람에는 남녀의 '구분'이 있을 뿐 차별은 아닙니다."라고 답했다. 여성이 남성의 예배실에 발을 들여놓을 수 없는 것처럼, 어떤 남성도 여성의 예배실로 들어설 수 없다는 것. 즉 공평한 것이다. 좀처럼 볼 수 없는 무슬림 여성의 예배 모습을 사진에 담고 싶어 직원에게 부탁해 보았다. 난색을 표하며 단호한 "NO!" 혹시나 싶어 물었지만 무모하고 무지한 부탁이 되고 말았다.

한국 내
무슬림들

합동예배 시작 전에 예배실은 이미 가득 찼고 미처 들어가지 못한 무슬림들이 예배실 밖까지 서서 예배를 드렸다. 계단 층층마다 벗어 놓은 각양각색 신발들이 한국 내 무슬림들의 다양한 삶을 보여 주고 있었다. 하지만 개개인의 지위와 빈부 차가 있을지언정 '알라' 앞에서는 모두 연약하고 평등한 인간이라는 것을 나란히 놓인 신발들이 웅변하는 것 같다. 기도하는 무슬림의 모습과 그 뒤로 보이는 신발들의 행렬이 한 앵글에 들어와 이색적이었다. 이마저도 예배의 한 부분인 듯했다. 예배가 시작되자 일제히 사우디의 메카를 향했다. 중앙 성원 자체가 메카를 향해 지어졌으므로, 정면이 메카 쪽이다.

"알라후 악바르(신은 위대하다)."

이렇게 외며 시작한 예배는 허리를 굽혔다가 펴고, 이마를 바닥에 대고 납작 엎드렸다가 앉고, 다시 일어나는 동작들을 수차례 반복했다. 이어 두 손바닥을 하늘로 향한 채 기도를 드렸다. 예배의 인도자인 '이맘'이 앞쪽에 계단처럼 만들어진 설교대에서 코란 구절을 낭송하고 이어 설교를 했다. 진지하고 묵직한 분위기로 일관된 예배였다. 예배는 흐름의 강약과 고저없이 차분하고 심심하게 흘렀다. 간결한 설교 외에는 모두 개인의 고백과 기도이다. 기독교 예배의 오르간 연주, 성가대 합창, 찬송과 같은 순서는 없었다. 합동예배인데도 그 시간은 길지 않았다. 예배실을 나서면서 신도들의 표정은 밝았다. 큰 미소를 띤 채 서로 안고 볼을 대며 반가워했다. 앞마당에서는 케밥 상인이 양고기를 칼로 비스듬히 잘라 내며 분주했다. 양고기 냄새가 코를 자극했다. 시끌벅적 시장통 같은 분위기가 날이 선 듯한 예배실 안의 분위기와 극명한 대조를 이뤘다.

무슬림들은 이슬람 율법에 충실하다. 현세는 시험의 삶이며 내세에 보상을 받는다는 신념 때문이다. 하루 다섯 차례의 기도를 지킬 뿐 아니라 생활 속에서도 '코란'과 '하디스'를 실천하며 살아간다. 그중 식생활이 대표적이다. 특히, '할랄(HALAL, 허용된 것)' 고기만 먹는다. 할랄 고기는 무슬림이 이슬람 의식을 거쳐 도살한 양, 소, 닭고기 등을 말한다. 한국인들이 가장 많이 먹는 돼지고기는 절대로 용납되지 않는다. 더운 지역에 많이 사는 이슬람교도들은 상하기 쉽고 지저분한 돼지고기를 먹고 신 앞에 나갈 수 없다는 것이다. 이슬람식으로 도살해도 돼지고기는 허용되지 않는다.

무슬림들은 중앙 성원 앞 할랄 고기 전문 정육점에서 고기를 구입하고 있었다. 술도 금지되는 것은 마찬가지다. 성원에서 만난 다수의 무슬림들은 내게 "이슬람교를 믿으세요."라는 식의 말은 단 한마디도 하지 않았다. 대신 "돼지고기 먹지 마세요. 술 마시지 마세요."라고 얘기 끝에 꼭 덧붙이곤 했다. 그건 정말 '큰 죄'라는 듯 진지하고도 걱정스러운 표정과 함께.

'내겐 주식과도 같은 것인데……'

그냥 웃음으로 대답을 대신해야 했다.

MUSLIM.HALAL.M

BEEF

MUTTON

CHICK

뿌리 깊은
편견

　　사실 9 · 11테러, 이라크 파병, 김선일 씨 피살 사건, IS의
민간인을 향한 테러 등 이슬람과 관련한 민감한 사건들이 일어날 때
마다 한국 내 이슬람 사원에 이목이 집중됐다. 이슬람교와 무슬림에
대한 세인의 관심도 증대됐다. 그것이 편견에 기반을 두었든, 이해에
기반을 두었든 관심이긴 매한가지다. 이슬람 성원의 관계자들은 이슬
람교를 바로 알리는 기회라 생각하면서도 지나친 관심에 적잖이 부
담스러운 눈치였다. 카메라를 든 학생들, 연인들, 관광객들까지 이국
적인 이태원에서도 조금 더 낯선 중앙 성원을 찾아와 높이 솟은 건물
을 배경으로 사진을 찍었다. 이슬람에 대한 정보가 없는 호기심 충만
한 여성들이 자연스럽게 신발을 벗고 1층 예배실로 들어서다가 화들
짝 놀란 무슬림 남성들에게 영문도 모른 채 쫓겨나곤 했다. 설명을 들
은 뒤에 고개를 끄덕였지만, 씁쓸한 표정은 거두지 못했다. 오히려 여
성 차별적인 종교라는 편견이 굳어졌을지도 모른다. '교인도 아닌 관
광객에까지 너무 과하게 종교의 율법을 적용하는 것이 아닌가?' 하는
반발이 생겼지만 묻지 않았다. 원칙 앞에 한 발짝도 양보 없는 무슬림
이기 때문이다.

　　이런 엄격함 때문에 사전에 허락을 받았음에도 예배실 안 촬영은
참 부담스러웠다. 빛이 드는 창가 쪽 일부분을 제외하고는 대부분 어
두웠다. 플래시의 도움을 받아야 온전한 사진이 나올 수 있는 조건이

국내 이슬람교 신도는
약 13만 5,000명(2013년 기준).
중동과 동남아시아 출신 외국인 노동자의
유입이 늘면서 국내 무슬림 인구는 계속
증가하고 있다. 우리는 이슬람을 얼마나
알고 있는가?

이슬람은 무함마드를 예언자로 하며 '알라'를 단일신으로 하는 종교. 알라는 아랍어로 '하느님'이라는 뜻이며, 불교 및 기독교와 함께 세계 3대 종교 중 하나다. '이슬람'은 '복종·순종'을 뜻한다. 이슬람을 믿는 신자는 남자일 경우 무슬림, 여자일 경우 무슬리마라고 한다.

이슬람교의 경전은 코란이며, 이는 예언자 무함마드가 천사

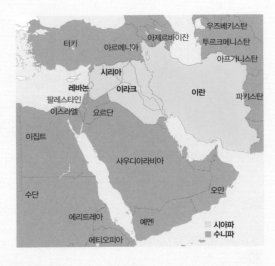

지브릴에게 받은 알라의 말을 기록한 것이라고 한다. 이슬람의 대표적인 종파로는 사우디아라비아가 대표하는 '수니파'와 이란이 대표하는 '시아파'가 있다. 수니파는 전체 무슬림 인구의 80∼90퍼센트를 차지한다. 수니파 내에서 무슬림 모두는 동질 의식을 가지나, 타 종파에는 불신을 보인다.

다. 하지만 마음속 깊숙이 신과의 만남이 이뤄지는 순간에 플래시를 터뜨린다는 것은 아마도 '악마의 짓'으로 여겨질 터이다. 횡으로 줄을 맞춰 기도를 올리는 순간에도 그 옆줄을 넘어 앞으로 가기 어려웠고, 그래서 교인들의 얼굴 정면을 사진에 담을 수 없었다. 만약 그리하였다면 메카를 가리는 큰 불경을 저지른 것이리라. 내 안에 많은 검열들이 일어나고 있었다. 횡으로 늘어선 무슬림의 열에서 가상의 연장선을 눈으로 그은 뒤, 딱 그 자리에 서서 최대한 슬로우 셔터로 촬영을 시작했다. 침을 한 번 삼키고 숨을 참고 셔터를 최대한 조심스럽게 눌렀다.

"차알~칵."

내가 더 놀랐다. 셔터 소리가 그렇게 청명하고 또 그 여운이 길다는 것을 이날처럼 선명히 느낀 적이 없었다. 가시방석이다. 염치없지만 눈치를 봐 가며 한 컷 한 컷 살얼음판 걷듯 셔터를 더 눌렀다. 예배실을 울리며 마음껏 날아다니는 셔터 소리는 신도들의 신경을 긁고 있는 게 틀림없었다. 알라를 만나고 있는 순간에 주기적으로 달려드는 소리는 기도의 맥을 끊어 놓았을 것이다.

'기도에 집중하시고 조금만 더 참아 주세요.'

나도 기도를 했다. 기어이 기도 중이던 한 남성이 옆으로 고개를 돌려 나를 똑바로 쳐다봤다. 희고 큰 눈은 방해하지 말 것을, 나가 줄 것을 강력하게 요구하고 있었다. 누구든 그 시선을 극복하지 못했을 것이다. 미안하다는 표정을 지어 보이며 밖으로 쏜살같이 나올 수밖에.

우리 안의
이중 잣대

이슬람교는 세계 인구의 5분의 1, 약 13억 명의 교인을 자랑하는 거대 종교다. 지구촌에서 벌어지는 굵직한 이슬람 관련 사건 이후 무슬림의 종교관, 생활, 문화의 이해를 목적으로 한 각종 출판물들이 서점을 장식하기도 했다. 그럼에도 지구촌 저 멀리서 일어난 일에 무장한 경찰들이 중앙 성원 정문을 지킬 정도로, 우리나라에서는 여전히 이해와 존중의 사각지대에 있는 생소한 종교다. 종교의 자유가 보장된다는 대한민국에 거주하는 무슬림들이 곱지 않은 시선과 편견을 경험하는 일도 다반사다.

"이슬람은 살인자도 아니요, 과격하고 호전적인 테러 집단도 아닙니다. '코란'과 예언자 무함마드의 언행을 기록한 '하디스'를 실천하는 무슬림들은 그런 폭력과 테러와는 거리가 멀어요."

성원에서 만난 압둘 아라사크는 한국인의 이슬람에 대한 무지와 편견을 안타까워했다. 또 파키스탄에서 온 직장 동료를 통해 이슬람을 받아들였다는 한 한국인 신자는 우리 안의 이중적 잣대를 지적했다.

"서구의 범죄는 기독교나 가톨릭과 연결시키지 않으면서 이슬람을 국교로 하는 나라들이 많은 중동 지역의 범죄는 이슬람과 너무도 쉽게 이어 버려요. 테러와 같은 범죄 행위는 코란의 가르침, 즉 이슬람 가치에 완벽하게 반하는 것입니다."

그는 또 덧붙였다.

"이라크 사담 후세인의 정치는 이슬람의 교리와 부합하지 않습니다. 지지를 얻기 위해 이슬람을 이용하는 정치적 행위이며, 정작 그는 무신론자입니다."

아무래도 이슬람에 대한 상식 같은 편견 중에 으뜸은 '일부다처제'이다. 이슬람에 관한 한 종잇장 같은 수준의 이해로 던질 수 있는 빤한 질문이었다. 방글라데시 출신인 나즈물 하산이 답했다.

"코란에서는 아내의 동의 등 여러 가지 조건 속에 네 명까지 아내를 허락하지만, 모든 아내에게 똑같이, 공평하게 대하지 못 할 거라면 오직 한 여성과 결혼할 것을 명하고 있습니다. 사실상 대부분이 일부일처입니다. 남녀의 구분이 있을 뿐 평등한 권리를 코란에 분명하게 명시하고 있어요."

여성 차별적 종교라는 인식에도 반박하고 있었다. 여성에 차별이 있다면 '알라의 뜻'을 거역한 것이란다.

국내 무슬림은 내국인 3~4만여 명, 외국인 10만 명 정도라고 한다 (2013년 기준). 국내 기독교인이나 불교, 가톨릭 신자 수에 비하면 초라하다. 한국에서 살아가는 무슬림들은 여전히 낯설고 불편한 시선을 감당해야 하지만 자신들의 종교에 대한 신념과 자긍심이 굉장히 커 보였다. 이슬람이 종교이면서 언행의 기준이며 생활인 무슬림들은 탐욕스런 세상의 온갖 유혹 속에서도 자신을 지켜 내며 살아간다. 코란이 제시하는 길로 가기 위해 하루하루 자신과의 '지하드(성전)'를 치르고 있는 것이다.

03

우리 시대
가장 작은 사람들

당신을 대한민국 난민으로 인정합니다

난민을 아시나요?

한국 사람들도 한국전쟁 때
난민이었어요

언제나
누구든 난민이
될 수 있어요

라이트 하우스에서 만난
욤비

'우리나라에도 난민이 있었나?'

책《내 이름은 욤비》를 소개한 신문 기사에 '난민'이라는 낯설지 않은 단어를 접하자마자 던진 질문이다. 한국에 사는 난민이라……. 책을 사서 읽을 수밖에 없었다. 왕족의 아들 욤비 토나가 아프리카 콩고 민주공화국을 탈출해 한국에서 난민 지위를 얻기까지의 파란만장한 삶을 담았다. 아마 '우리나라에 난민이 있다고?' 하고 물을 사람이 나뿐만은 아닐 것이다. 또 이런 물음이 한국 내 난민의 존재감을 함축하고 있다는 생각도 들었다.

난민 구호 단체 '피난처'의 '라이트 하우스'를 찾았다. 라이트 하우스는 서울 상도동 어느 언덕 제일 높은 곳에 자리 잡고 있었다. 난민을 위한 임시 숙소이자 피난처의 사무실로 쓰이는 곳이다. 난민의 한국 생활 적응을 돕고 자립 기반을 제공한다. 난민과의 소통을 위해 몇 달 전 사무실과 난민 숙소를 한 공간에 모았다. 내가 찾은 이날은 이웃에게 '난민들의 피난처'를 알리기 위한 집들이 준비가 한창이었다. 코트디부아르 수제 인형 전시, 난민 관련 서적 판매 등 집들이 바자회가 마당에서 열렸다. 난민과 피난처 직원들이 함께 만든 에티오피아, 콩고, 파키스탄 등의 전통 음식을 차려 놓고 난민 음식 시식회도 열었다. 골목을 지나다 '뭘 하나?' 하고 기웃거리던 이웃 어르신들이 첫 손님으로 들어와 자리를 잡았다. 먼 나라의 음식이 생각보다 입맛에 맞는지 음식에 자주 손이 갔다.

"난민 음식이에요."

피난처 직원이 설명했지만 '난민'의 의미보다는 그저 검은 피부를 가진 어느 나라 사람들의 음식 정도로 이해하는 것 같았다. 직원도 굳이 난민에 대한 긴 설명을 곁들이지 않았다. 그저 '저희 이사 왔습니다. 잘 부탁합니다.' 하는 신고식이었다.

잠시 뒤, 욤비 토나가 라이트 하우스로 들어섰다. 그는 이날 초대받은 사람들 앞에서 난민 얘기를 들려줄 예정이었다. 여유 있어 보이는 그는 하얀 이를 드러내고 연방 싱글벙글 웃었다. 그의 책을 읽는 터라, 그가 보여 주는 저 여유와 웃음이 온전히 자기 것이 되기까지 얼마나 많은 고난과 상처의 터널을 지나왔는지를 가늠해 보았다. 책에서 본 그의 인생 여정이 머릿속에 그려졌다. 방송 출연과 강연 등으로 이미 명사가 된 욤비에게 피난처 직원들이 줄줄이 다가가 기념사진을 요청했다. 욤비가 난민 지위를 획득할 수 있도록 꾸준히 도왔던 이호택 피난처 대표가 이를 흐뭇하게 바라봤다.

나는 한국에 사는
난민입니다

집들이의 본행사가 시작됐다. 피난처 앞마당에 의자를 펴 놓고 이웃과 초대받은 직원들의 가족과 친구, 인근 고등학교의 동아

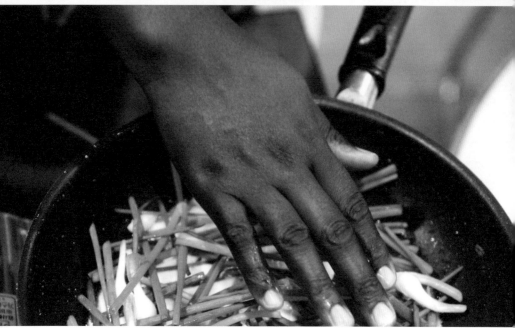

리 교사와 학생들이 자리를 메웠다. 사회자의 소개를 받은 욤비 토나가 앞으로 나와 영어와 한국어를 섞어 가며 난민 이야기를 시작했다.

"(나는) 콩고 난민입니다. 2002년 한국 왔어요. 일 없어. 돈 없어. 가족 없어. 친구 없어. 병원 못 가. 불법(적인) 일 콩고에서 안 했어요. 여기 사료 공장 가서 일했어요. (익살스런 표정 지으며) 엄청 힘들어. (난민 인정받기 위해) 6년 동안 인터뷰했어요. 미스터 이호택 만났어요. 난민 인정 나왔어요. 미스터 이호택 없었으면 안 됐어요. (난민 인정받기까지) 나는 힘들었어요."

"난민 알아요? 한국 사람들 난민 잘 몰라요. 한국 사람들 1950년 (한국전쟁) 때 난민이었어요. (일본에서 망명 생활을 했던) 김대중 (전) 대통령도 난민이었어요. 한국 사람들 기억해야 돼요. 언제나 누구든 난민이 될 수 있어요"

"한국 정부, 위에 있는 사람 (난민에 대한 생각) 바꾸기 어려워요. 그래서 책 냈어요. 난민 문제 사람들 몰라. (난민 지위를 인정받았는데도) 해외 나갈 때 몇 시간씩 잡혀 있어. 출입국관리소 직원들도 몰라. 죄인처럼 잡혀서. (난민들을) 도와주세요. 콩고 괜찮아지면 다시 갈 거예요. 한국에서 나쁜 일 많이 있으면 난민 어떻게 살아요? (돌아가서) '한국은 감옥이었어요' 하면 안 되잖아요. 좋은 나라 기억 남기세요."

그는 간절하게 애원하고 있었다.

한국인이 흑인을 바라보는 시선도 부끄러운 일이라고 강조했다. 자신이 지하철에서 경험한 일을 유머처럼 곁들였다. 서로 죽일 것처럼 싸우던 남녀 커플이 자신이 다가가서 말리자 무서워하며 싸움을 그쳤다고 했다. 자기가 아니었으면 둘 중 한 명은 싸우다가 그날 죽었을 거라며 자신은 '피스메이커'라며 좌중을 웃겼다.

"한국은 세계에서 10위 파워 가진 나라예요. 아시아에서 차별 1위예요. 진짜 부끄러워요. 항상 글로벌이다, 다문화 가족이다 얘기하면서……."

그의 얘기는 예정된 시간을 훌쩍 넘겼다. 아프리카 콩고민주공화국 출신인 그는 킨샤사 국립대를 졸업하고 비밀 정보국 요원으로 일하다 2002년 정권과 반군간의 추악한 거래를 폭로한 문서를 야당에 넘겨 반역죄로 체포됐다. 동료들의 도움으로 탈옥해 중국을 거쳐 한국 땅을 밟았다. 2002년 난민 인정 신청을 했지만 '불허' 결정, 이의 신청에 '기각', 다시 행정 소송 끝에 2008년 '난민 인정'을 받았다. 이후 콩고에서 숨어 지내던 아내와 삼 남매가 한국으로 무사히 들어와 함께 살고 있다.

그는 강연을 하는 동안 콩고 상황이 괜찮아지면 다시 돌아간다고 몇 번이나 되풀이해 말했다. 욤비를 보면서 콩고 내에서 피를 부르는 박해와 갈등이 속히 매듭지어지기를 간절히 바랐다. 하지만 그가 지금 자신의 나라로 돌아간다면 한국에서의 삶, 난민으로서의 삶이 어떠했느냐는 질문에 그의 답이 너무 빤할 것이라는 생각이 들었다.

"주는 만큼 받아요."

욤비가 되풀이하는 말이 그렇게 두렵게 들릴 수가 없었다.

늘어나는 난민 그리고 우리

우리나라 난민 신청자의 수는 해마다 급격하게 증가하고 있다. 2015년 1월부터 5월까지 난민 신청을 한 인원은 전년도 난민 신청자 800명의 두 배 이상이며, 2014년 전체 난민 신청자 2,896명의 50퍼센트를 이미 넘어선 수치다.

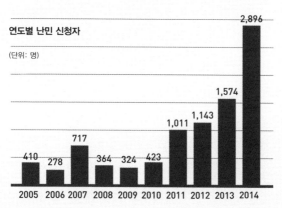

연도별 난민 신청자

(단위: 명)

하지만 이들 중 실제 난민 지위를 인정받은 사람은 4.3퍼센트에 불과하다. 난민 신청 악용을 우려해 정부가 엄격한 박해 증거를 요구하기 때문이다. 박해를 받아 자국을 탈출한 사람에게 스스로 박해받았다는 명백한 증거를 대라는 요구는 과연 정당한 것일까?

한국에서 태어났으니까
한국 사람이죠

　　다음 날, 난민을 부모로 둔 아이들을 피난처에서 운영하는 주말 난민공동체학교에 데려다주기로 했다. 그들에게 좀 더 다가가기 위해 아이들과 가까이 지내면 좋을 것 같다는 피난처 간사의 귀띔 때문이었다. 아이들의 얼굴도 익힐 겸 나섰다. 네비게이션에 주소를 찍고도 헤매듯 찾은 서울 보광동 어느 좁은 골목에서 4명의 아이들을 만났다. 아이들은 모두 흑인이었다.

　"안녕하세요."

　아이들은 큰 소리로 인사하며 차량에 다투듯이 올라탔다. 이자크(6), 부부(7), 사무엘(8), 자비(9). 피난처로 향하는 동안 아이들이 쉴 새 없이 조잘댔다. 목소리만 들으면 한국 아이들과 다를 게 없다. "대박", "헐", "뻥까지 마" 또래 아이들이 쓰는 속어를 자연스럽게 섞어 쓰고 있었다. 아이들은 집 근처 초등학교와 어린이 집을 다닌다고 했다.

　한국어로 떠드는 '까만' 아이들에게 물어보았다.

　"너희들은 한국인이라고 생각하니?"

　답이 금세 돌아왔다.

　"한국에서 태어났으니까 한국 사람이죠."

　난민 부모를 둔 이 아이들은 모두 한국에서 태어났다. 사무엘이 재빨리 이어 말했다.

　"왜 저 까만지 알아요. 아빠는 코트디부아르고, 아빠 엄마가 검정

UN 설립 후 최초로 도움을 받은
사람들은 '한국의 난민'이었습니다

1950년, 한국전쟁 당시 설립
5주년을 맞이했던 UN은 국제
평화와 한반도의 안전을 회복하기
위해 6·25 전쟁에 개입하기로
결정했고, 유엔한국재건단(UN
Korea Reconstruction Agency, UNKRA)을 설립하여 전쟁
난민이 된 한국인들을 위해 긴급 구호 활동을 펼쳤다.
놀랍게도 6·25 당시 한국을 도왔던 나라들 중에는
개발도상국인 미얀마, 라이베리아, 그리고 현재 끔찍한
내전의 고통을 겪고 있는 나라, 시리아가 있었다.
이 나라들에 불과 60여 년 전 원조를 의지했던 나라가
바로 '한국', 그들에게 도움을 받았던 사람들이 '한국의
난민'이었다. 6·25 시절 한국에 의료 서비스를 지원했던
나라는 인도, 덴마크, 스웨덴, 노르웨이, 이탈리아가
있으며, 한국 난민들에게 물자를 지원한 나라 중에는
스위스, 쿠바, 레바논, 미얀마, 사우디아라비아, 시리아,
라이베리아 등 40개국이 있다. 스페인, 아일랜드,
이라크, 스리랑카 등 7개국 역시 한국의 전후 복구
지원에 나섰다.

이고, 제가 태어났을 때 검정이었으니까요."

자기가 피부색이 다른 이유를 굳이 설명하려 했다. 그 말에 상처가 스민 것 같아 좀 머쓱하고 미안해졌다. 속인주의를 채택하고 있는 우리나라에서 난민을 부모로 둔 아이들이 한국 국적을 갖기는 어렵다. 부모가 박해를 피해 도피한 한국에서 아이의 국적을 위해 자국 대사관을 찾아가는 것은 위험한 일이다. 그래서 자국 국적을 획득하는 것도 쉽지 않다. 난민 아동 중에 무국적이 많은 것도 이런 이유 때문이다.

난민공동체학교는 상도동 한 아파트 상가에 있었다. 한 교실에는 차를 태워 온 개구쟁이들을 포함해 7∼8명의 아이들이 교사를 중심으로 모여 앉아 노래를 불렀다. 아이들을 위한 음악 교실이다. 또래 아이들이 그렇듯 끊임없는 장난과 소란스러움에 교사가 힘겨워했다.

"장난치지 마세요. 예쁘게 앉으세요."

인내심 강한 교사는 반복해 외치면서 미소를 잃지 않았다. 아이들은 카메라를 들고 있는 나의 존재를 잊지 않았다. 흑인 아이 하나가 불쑥 내게 다가왔다.

"삼촌! 삼촌! 마술 보여 줄게요."

손에 든 연주용 봉 안에서 "쫘아∼쫘아∼" 소리가 났다.

"잘했어!"

머리를 쓰다듬었다. 아이는 신이 나서 자리로 돌아가 앉았다.

한국은 부모 국적에 따라 아기한테 국적을 주는 속인주의 국가인데 부모가 난민이거나 불법체류자일 경우 아이들은 한국 국적을 받지 못한다.

'삼촌이라……'

나를 삼촌이라 불렀다. 아이는 너무 자연스럽게 그리고 친근하게 불렀다. 아이들에게 한국어는 모국어로 인식되고 있을 것이다.

둘러앉은 아이들이 교사와 눈을 맞춰 가며 저마다 부를 줄 아는 동요와 만화 주제가를 시작했다.

"노는 게 젤 좋아. 친구들 모여라. 언제나 즐거워……"

모든 아이들이 크게 따라 불렀다. 각기 다른 국적의 부모를 둔 아이들에게도 '뽀통령(뽀로로)'의 영향력은 대단했다. 이어 교사는 아이들에게 각각 '도레미파솔라시도' 소리를 가진 벨을 하나씩 나눠 줬다. 아이들은 맑고 여운이 있는 소리가 신기한 듯 저마다 종을 흔들어 보았다. 교사가 한 명씩 지정하며 소리를 유도했다. 〈사운드 오브 뮤직〉의 '도레미송'이 비슷하게 만들어졌다. 노래를 부르고 악기를 흔드는 동안 아이들의 호기심 가득한 희고 큰 눈망울이 시선을 잡았다. 투명하고 깊은 눈이었다. 그 순간에 난민 부모를 두고 한국에서 자라나는 아이들의 저 맑은 눈에 눈물이 맺히지 않기를, 증오가 담기지 않기를 바라고 또 바랐다.

수업이 끝나고 개구쟁이 4인방을 다시 차에 태워 보광동으로 향했다. 국방부와 전쟁기념관 사이를 지날 때쯤 한 아이가 말했다.

"있잖아요. 6·25 때 있잖아요. 우리가 북한하고 싸웠잖아요. 이제 화해하려고 해요."

남북 간에 오가는 고위급 회담 얘기를 두고 하는 말이었다. '우리'라는 표현이 자연스럽다. 무국적이거나 혹은 부모의 국적을 가진 아

이들에게 한국은 '우리나라'였다. 한국의 전쟁 역사를 아는 아이들이 아프리카에 있는 부모의 나라에 대해 전쟁을 했느니 안 했느니 하며 잠시 다투었다. '걔네'라고 칭하면서. 아이들과 얘기를 주고받는데 한 아이가 갑자기 외쳤다.

"아저씨 사투리 쓰잖아요."

옆에 아이들이 함께 "헐!" 하고 맞장구를 쳤다. 아이들은 경상도 사투리를 구분할 줄도 알았다.

어느 난민 가족의
궁핍

아이들의 집에 가 보고 싶었다. 난민이 한국의 신문 사진기자를 집으로 들이기는 쉽지 않은 일이다. 마침 피난처에서 '난민 가정 지원 실태 조사'가 있다기에 맹주현 간사에게 동행 허락을 구했다. 맹 간사의 설득에 그날 방문 예정 가정 중 두 가정이 나의 방문을 허락해 주었다. 서울 이태원 인근에서 피난처 간사들을 만났다. 이들은 오전에 방문했던 가정에 대해 얘기를 나눴다. 앞서 만난 난민이 한국에서 자신이 쓰레기 취급을 받고 있다고 하더라며 안타까움의 한숨을 내뱉었다. 가까이서 지켜보는 난민이지만 어려운 생활을 눈으로 확인하는 것은 늘 아픈 일인 듯했다.

며칠 전 개구쟁이들을 태웠던 보광동 골목길을 걸어 올랐다. 허름한 문을 열고 덩치 큰 마마두(40)가 우리 일행을 맞았다. 어둑한 거실에서 부인은 태어난 지 수개월 된 딸을 안고 있었다. 곧 아들 이자크(6)가 유치원에서 돌아왔다. 피난처의 간사들은 난민 지원금이 어떻게 쓰이는지, 살면서 어려운 것이 무엇인지, 어떤 추가적인 도움이 필요한지를 묻고 이를 바탕으로 보고서를 작성했다. 마마두의 네 가족은 '세이브 더 칠드런'에서 25만 원, '유엔난민기구'에서 30만 원, 교회에서 매달 한 번씩 쌀을 지원받는다. 최근 유엔난민기구의 지원은 끊겼다고 했다. 간사는 세이브 더 칠드런의 25만 원 지원이 아이에게 도움이 되는지를 물었고, 마마두는 어떻게 말을 할지 한참 망설이다 "고맙지만, 충분치 않다."고 답했다. 아들의 유치원비는 거기에 5만 원을 더 보태야 하는 30만 원. 월세 40만 원에 아기 기저귀, 우유, 옷 등 생활비는 비정기적인 아르바이트로 충당한다고 했다. 아기가 태어난 뒤 난방을 위해 가스를 많이 써 3개월간 가스비를 못 냈더니 가스가 끊기기도 했다. 마마두는 궁핍한 가족의 삶을 속속들이 까 보이며 잠깐씩 씁쓸하고 허탈한 표정을 지었다. 도움을 주기 위해 방문한 것임을 알지만 상처 난 자존심은 감춰지지 않았다.

"새 일자리를 찾고 있어요. 하지만 경기가 안 좋아요."

그는 어깨를 으쓱해 보였다. 새벽에 일어나 수원, 안산 등지로 나가 일이 없으면 그냥 돌아온다고 했다.

"아는 사장님이 있어요. 월요일부터 금요일까지 일하는 거 알아봐 줄게요."

맹 간사가 말했다.

"그런 거 너무 좋아요."

마마두는 당장 일자리를 얻은 듯 함박 미소를 지었다. 코트디부아르에서 무슨 일을 했었는지 묻자, 생물 교사 등 여러 가지 일을 했단다.

보고서용 인터뷰가 끝나자, 나는 여태껏 만지작거리던 카메라를 어렵게 들었다. 정치적 난민인 마마두의 얼굴을 찍는 것은 만에 하나 그가 처할 수 있는 위험 때문에 부담이었다.

'일단 오늘은 기념사진만 찍어 주자.'

사진에 대한 거부감도 없앨 겸 자연스런 가족사진을 몇 장 찍어 주었다. 그리고 사진을 뽑아서 다시 찾아오는 날 마마두의 이야기를 들을 수 있을지 물었다. 그는 흔쾌히 허락했다.

고시 합격보다 어려운
난민 인정

며칠 뒤 마마두에게 전화를 걸었다.

"오늘, 일하시나요?"

"예, 일해요."

"몇 시에 집에 오세요?"

"늦게 와요. 집에 오면 힘들어서 얘기 못 해요. 이번 주는 계속 일이 있을 것 같아요."

일이 없는 주말쯤 보기로 했다. 조카가 입던 작은 옷과 신발, 장난감과 지난번에 찍었던 사진을 전해 주려 인근을 지나던 길에 마마두의 집에 들렀다. 일이 있어 늦을 거라던 그가 집에 있었다.

"오늘 좀 일찍 끝났어요."

무슬림인 그는 막 기도를 하고 방에서 나오던 참이었다. 지친 표정이었지만, 온 김에 얘기하자는 데 뜻을 같이했다. 그때 유치원에서 돌아온 이자크는 못 보던 장난감을 발견하고 입이 귀에 걸렸다. 마마두는 영어와 한국어를 섞어 가며 자신의 사연을 풀어놓았다.

그는 비즈니스를 위해 2002년 한국에 왔다. 여성용 액세서리를 사서 코트디부아르에 가져가 팔 생각이었다. 그해 9월 그의 나라에 내전이 일어나 돌아갈 수 없었다. 가족도 친구도 없는 한국에서 모텔을 전전하며 사업 자금을 다 썼다. 고국으로 돌아가 사업을 하고 싶어 공장 일을 하며 돈을 모았다. 2005년 코트디부아르 상황이 안정됐다는 뉴스를 접한 뒤 그의 나라로 돌아갔다.

"한국 집 앞에 쓰레기 없어요. 코트디부아르는 집 앞에 쓰레기 많아요. 모기도 많고 그래서 병이 많아요."

그는 돈 받고 쓰레기를 치워 주는 사업을 결심했다. 친구들을 찾아다니며 구상했던 사업을 설명했다. 친구들은 "굿 비즈니스!"라고 좋아했다. 그러던 어느 날, 친정권파 군인들이 그가 머물던 친구의 집을 급습했다. 한국에서 돌아와 사람들 만나며 반정부 활동을 도모한다는 혐의를 받은 것이다. 그는 다행히 집에 없었다. 군인들은 친구에게 "반정부 활동 위해 모였나? 그가 왜 왔나?" 하고 따져 물었다. 그들은 마마두가 사업을 위해 준비한 차량과 장비를 모두 부서 놓았다.

사업은 더 이상 진행될 수 없었다. 예전 야당 당원으로 반정부 시위를 조직한 전력을 가진 그에게 언제 총칼이 파고들지 모르는 상황이었다. 얘기를 이어 가던 마마두의 얼굴에 언뜻 스치는 공포를 본 것도 같다. 마마두는 2005년 다시 한국행을 택했다. 출입국관리사무소 난민실에 난민 인정 신청을 했다. 2006년 한국에서 같은 코트디부아르 출신의 아내를 만났고, 2007년 결혼해 이듬해 이자크를 낳았다. 난민 인정 신청 후 4년을 기다려 2009년에 나온 결과는 난민 인정 불허 통지. 2010년 코트디부아르 대선 후 전·현직 대통령 사이의 극심한 갈등으로 매일 사람이 죽는다는 고향 소식을 들었다. 그에게는 가족이 생겼고, 코트디부아르 상황은 그와 가족에게는 언제나 위협이었다.

내게 했던 이런 설명과 관련 자료를 제시하며 난민 인정 불허에 이의 신청을 했으나 기각됐다. 행정소송으로 법원까지 갔지만 결국 패소했다. 2011년 이자크가 심하게 아팠고, 아이가 아프면서 그의 스트레스도 극에 달했다. 아이는 밤새 잠을 못 이루고 아내는 매일 울었다. 외국인을 지원하는 병원에 갔다. 난민 신청자의 신분에다가 비자도 없고, 일도 할 수 없는 처지에 병원비는 턱없이 비쌌다.

"그때 너무 어려웠어요."

그는 한숨을 내쉬었다.

피난처의 도움으로 출입국관리사무소에서 수술만 할 수 있도록 비자를 발급해 줘 이자크는 수술을 받을 수 있었다.

"잇츠 미라클!"

그때의 기쁨을 자신의 삶에 일어난 기적이었다고 했다. 2012년 출입국관리사무소에서 아이의 치료 등의 이유로 '인도적 체류 자격'을 준다는 연락이 왔다고 했다. 여기에 사인을 하게 되면 난민 인정 신청을 포기해야 한다. 선택의 순간이었다. 일하고 돈 벌어야 했고, 아이와 아내를 먹여 살려야 했다. 이 대목에서 다시 긴 한숨을 지었다. 자신의 반정부 활동 등이 게재된 신문 기사 등 난민 자격을 증명하는 자료가 한 뼘 두께인데도 난민 인정이 번번이 거부되는 것을 보며, 그나마 합법적 취업이 가능한 인도적 체류를 서둘러 선택할 수밖에 없었다. 드라마 같은 삶을 풀어놓는 동안 희망, 좌절, 공포, 아픔, 상처, 기쁨, 사랑 등 만감이 그의 얼굴에 드리워졌다, 지워졌다를 반복했다.

그는 'FREE'라는 말을 자주 사용했다. 코트디부아르보다 자유로운 한국이 좋다고 했다.

"본국에 돌아가기는 어려워요. 아이 교육 잘 시키고 싶어요."

옆에 앉은 아들을 가리키며 "몸은 코트디부아르고, 머리는 코리안."이라며 웃었다. 돈을 모으면 아내와 조그만 가게를 열고 싶은 소망을 밝혔다. 요즘 마마두는 한국어 공부에 열심이다. 귀화를 신청하기 위해서다. 가능성은 없어도 시도해 보겠단다. 그리고 '욤비'처럼 자신의 얘기를 책으로 쓰고 싶다고 했다.

긴 얘기가 끝난 뒤, 마마두에게 가족사진을 다시 한 번 찍어 주겠다고 했다. 급히 찍었던 지난 번보다 나은 사진을 찍어 주고 싶었다. 마마두의 아내는 벽에 걸린 가족사진을 가리키며 바꿔 줄 사진을 찍어줄 수 있느냐고 수줍게 물었다. 그러고는 설레는 표정으로 재빨리 방으로 들어갔다. 마마두는 노란색, 부인과 아들은 푸른색의 코트디부아르 전통 복장을 갖추고 나타났다. 몇 달 전 태어난 딸과 함께 찍는 가족사진은 처음인 듯했다. 단란한 가족의 모습을 담으려 이런저런 표정과 동작을 요구하며 셔터를 눌렀다. 마마두 부부는 한 번 더 사진을 부탁하며 방으로 뛰듯 들어갔다. 이번엔 아기까지 네 가족 모두 붉은색 계열의 전통 옷으로 맞춰 입고 나왔다. 마마두 부부는 들뜬 마음을 숨기지 않았다. 덩달아 나도 신이 났다. 이날 마마두 가족에게 나는 대한민국 최고의 '사진사'가 되어야 했다. 사진으로 누군가를 행복하게 할 수 있다는 것이 카메라를 다루는 사람의 가장 큰 보람이리라. 며칠 뒤 인화된 가족사진을 액자에 담아 가족에게 선물했다. 마마두에게 "고맙습니다."라는 말을 열 번쯤 들은 것 같다.

고국을 등진 난민이 기자의 카메라에 얼굴을 드러내는 것은 분명 불편한 일이다. 정치적 이유로 난민이 된 마마두에게 낮은 가능성일지라도 위험은 존재한다. 나는 내게 물어야 했다. '그가 감내할 불안의 대가를 이 기념사진으로 때우려 하고 있는가?'

난민은 인종, 종교, 정치적 이유 등으로 인한 박해를 피해 온 사람들이다. 우리나라는 1992년 난민협약에 가입했다. 고시합격보다 어렵다는 말이 나올 정도로 난민 인정에는 야박하고 인색하다. 2001년 우리나라 첫 난민 인정자가 된 에티오피아 출신 데구는 차별과 생활고를 이기지 못하고 다른 나라로 떠나갔다고 한다.

"엎드린 채 얼굴을 해변 모래에 묻고 있었습니다. 마치 곤히 자는 아기처럼요."

터키 남서부 해양 휴양지 보드룸에서 한 꼬마가 숨진 채 발견됐다.
빨간색 티셔츠, 파란색 반바지, 운동화를 신은 시리아의 꼬마 난민 아일란 쿠르디였다.

아이의 시신은 엄마와 함께 고향 시리아에 묻혔다.
그리고 얼마 후

세 살 아이가 바꾼 세상,
유럽 주요국은 난민 수용 계획을
잇달아 발표했다

04

모두에게
존엄하게 죽을
권리를

갈바리 호스피스

존엄한 삶을 유지하고
살아가기에도 버거운 세상에

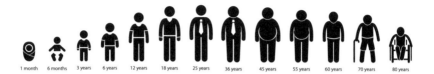

1 month 6 months 3 years 6 years 12 years 18 years 25 years 36 years 45 years 55 years 60 years 70 years 80 years

'존엄한 죽음'을 얘기하는 것은
너무 앞서가는 것일까?

호스피스, 죽음을 준비하는
마지막 정거장

　　존엄한 삶을 유지하고 살아가기에도 버거운 세상에 존엄한 죽음을 얘기하는 것은 너무 앞서가는 것일까?

　대법원의 '존엄사' 판결과 그 이후 계속되는 논란 속에서 불편한 진리이자, 금기시되어 온 '죽음'이라는 단어가 일상의 용어로 자리매김하고 있다. 더불어 '존엄하게 죽을 권리', '웰다잉(well-dying)', '죽음의 질' 등 죽음과 관련한 생소한 문구들이 논쟁 가운데 자주 인용되고 있다.

　'존엄사'라는 3음절의 단어는 그리 간단하지가 않다. 말 그대로 존엄한 죽음의 의미로 받아들이는 쪽이 있는가 하면, 이를 안락사의 의미로 간주하는 부류도 있다. 받아들이는 이들의 해석이 저마다 다를 정도로 용어 정리조차 되지 않은 것이 우리 사회의 현실이다.

　'존엄'이라는 묵직한 단어를, 거기서 꼬리를 무는 질문들을 머릿속에 곱씹으며, 무의미한 연명 치료를 중단한 말기 암 환자들이 선택한다는 강릉 '갈바리 호스피스'로 향했다. 천주교 '마리아의 작은 자매회'가 운영하는 곳으로 우리나라에서 가장 오래된 호스피스다. 여러 호스피스 중 가장 오래됐다는 데 마음이 끌렸다.

　지난밤 잠을 설쳤다. 쩔쩔매며 사진을 찍는 꿈이었다. 꿈이 어찌나 생생한지. 그 선명한 꿈이 강릉으로 향하는 버스 안에서 거듭 재생되고 있었다. 걱정이 밧줄처럼 몸과 마음을 옭아맨다. 버스를 타고 있는 내내 그 밧줄은 조여 들었다.

죽음이란 무엇인가. 가장 근원적인 질문에 대해서도 이제껏 깊은 고민을 해 보지 못한 나를 발견한다. 죽음이라는 게 품위와 존엄으로 포장될 수 있는가.

죽음이라는 단어는 계속 도망을 다녔다. 아니, 내가 달아나려 했는지도 모르겠다. 내 안에서 일어나는 질문에도 답할 수 없고, 또 그런 무지 속에서 시도하는 이 취재가 억지이며 무의미한 것 아닐까.

버스로 벌써 두 시간은 달려왔는데 그때까지 이 일을 해야 하나, 말아야 하나 갈등하고 있었다. 갈등을 애써 외면한 채 이번 기회에 한번 깊이 고민해 보자며 마음을 다잡는다. 좀 더 현실적인 고민이 뒤를 이었다. 나흘 정도의 시간을 허락받았지만, 사진에 담을 대상이 '말기 암 환자'라는 것에 생각이 닿자, 다시 막막해졌다. 환자들에게 어떻게 다가갈 것이며, 사진을 찍어야 하는 일은 또 어떻게 설명하고 설득할 것인가. 말기 암 환자가 자신 앞의 죽음을 어떻게 인식하고 있는지 감히 짐작도 못하면서 죽음이라는 단어를 섞어 가며 함부로 말을 건넬 수는 없을 것이다. 죽음을 말하지 않고, 죽음 앞의 생각을 묻고 대답을 듣지 못한다면 어떻게 '존엄한 죽음'의 의미가 드러날 수 있는가.

갈바리 호스피스의 최 에디냐 원장 수녀님은 전날 통화에서 "환자들이 다가오는 죽음을 받아들이는 것은 쉽지 않은 일."이라고 했다. 버스가 강릉에 닿을 즈음 난감함은 최고점에 이르고 있었다.

강릉 고속터미널에서 그리 멀지 않은 오래된 주택가에 자리 잡고 있는 <u>호스피스</u>는 아담한 3층 건물이었다. 건물보다 키가 큰 나무들이 이 호스피스의 역사를 얘기해 주고 있었다. 1층은 외래환자를 받는 의원, 2층과 3층은 각각 호스피스 병동과 수녀원이 차지하고 있다. 에디냐 원장 수녀님은 나를 반갑게 맞아주면서도, 한편 조심스러워했다. 확인 차원에서 다시 한 번 취지를 설명했다.

"최근 김 할머니의 '존엄사' 논란으로……."

시작부터 제동이 걸렸다.

"가톨릭에서는 그와 같은 경우를 존엄사로 보지 않습니다."

에디냐 수녀님은 부드럽지만 단호하게 선을 그었다. 소극적 안락사 정도로 인식하는 '존엄사'라는 용어 자체를 꺼렸다. 존엄사라는 단어를 빼고 설명하려니 될 리가 없다. 한 번 꼬인 혀는 쉽게 제자리를 찾지 못했다. 에디냐 수녀님은 오해의 소지를 덜어내기 위한 용어의 정의와 인식의 차이를 얘기했을 뿐, 내가 하려는 일의 목적을 정확히 이해하고 있었다. 오히려 내가 병동을 이곳저곳 헤집고 다닌다든가,

---

호스피스의 어원은 라틴어의 호스피탈리스(hospitals)와 호스피티움(hospitium)에서 기원된 것으로 알려져 있다. 원래 호스피탈리스는 '주인'을 뜻하는 호스페스(hospes)와 '치료하는 병원'을 의미하는 호스피탈(hospital)의 복합어로서, 주인과 손님 사이의 따뜻한 마음과 그러한 마음을 표현하는 '장소'의 뜻을 지닌 '호스피티움'이라는 어원에서 변천되어 왔다. 호스피스 제도의 유래를 보면, 큰 맥락은 중세기에 성지 예루살렘으로 가는 성지 순례자나 여행자가 쉬어 가던 휴식처라는 의미에서 유래되어 아픈 사람과 죽어 가는 사람들을 위한 숙박을 제공해 주고 필요한 간호를 베풀어 주면서 시작되었다. 현대에 와서 호스피스는 체계를 갖추며 발전하기 시작하였는데, 1967년 영국 런던에서 시실리 손더스(Cicely Saunders)에 의해 성 크리스토퍼 호스피스(St. Christopher hospice)가 개방된 것이 현대 호스피스 운동의 체계적 모태가 되었다.

다가오는 죽음을
받아들이는 것은
쉽지 않은
일이다

국내 첫 존엄사 판결,
김 할머니 사건

김 할머니는 2008년 2월 18일 폐암 여부를 검사하러 세브란스 병원에 입원해 조직검사를 받다가 과다 출혈로 인한 뇌손상으로 식물인간 상태에 빠졌다. 가족들은 무의미한 연명 치료를 중단하고 할머니가 품위 있게 죽을 수 있도록 해 달라며 병원 측에 요청했으나 병원 측은 이를 거부했고, 가족들은 끝내 소송을 제기했다. 대법원은 회복 불능의 사망 단계에 이른 후 환자가 인간으로서의 존엄과 가치 및 행복추구권에 기초하여 자기결정권을 행사하는 것으로 인정되는 경우, 연명 치료 중단을 허용할 수 있다고 판결했다. 또한 환자가 회복 불가능한 사망 단계에 이를 경우에 대비해 미리 의료인에게 자신의 연명 치료 거부 내지 중단에 관한 의사를 밝힌 경우에는, 비록 진료 중단 시점에서 자기결정권을 행사한 것은 아니지만 사전의료지시에 따라 자기결정권을 행사한 것으로 인정할 수 있다고 보았다. 법원이 생과 사의 갈림길에 선 환자와 가족들이 품위 있는 죽음을 선택할 권리를 인정한 것이다. 이에 따라 2009년 6월 23일 김 할머니는 인공호흡기를 제거했다. 하지만 어쩐 일인지 할머니는 스스로 호흡을 하며 생존했고, 201일 만인 2010년 1월 10일 사망했다. 의식불명 후 692일 만이었다.

예민한 환자에게 무례한 접근을 하지는 않을까 하는 호스피스 책임자로서 걱정이 엿보였다. 한 번 그르치면 되돌릴 수 없는 법이니 철저한 주의는 순전히 나의 몫이다. 초면인 원장 수녀님께 부담을 드리는 것 같아 죄스러운 마음이었다.

병실에서 만난
얼굴들

에디냐 수녀님은 1층 의원과 2층 병동을 안내하며 의료진을 일일이 소개했다.

"잘 부탁드립니다."

미소를 한가득 물고 고개를 깊숙이 숙였다. 신세를 져야 하는 입장에서 첫인상은 중요하다. 불청객인 나에 대해 한 치의 반감도 허용해서는 안 된다는 다짐의 표현이기도 했다. 2층 호스피스 병동에 올랐다. 정면으로 보이는 큰 통유리로 초여름 오후의 짙은 햇살이 고스란히 쏟아져 들어왔다. 밖으로 내다보이는 잘 정돈된 푸른 정원이 환자들의 심신을 배려하고 있었다. 햇볕을 쬐며 휴식을 취하던 두 세 명의 환자들이 느린 시선을 던졌다가 느리게 거둬들였다.

에디냐 수녀님은 맨 처음 '임종방'으로 나를 안내했다. '임종'이라는 말에 조금 멈칫했다. 죽음과 관련된 어떤 단어에도 무의식적 거부 기제가 작동하는 것이리라. 간호사 데스크 바로 맞은편에 있는 방이었다.

"임종방은 일반 병실과 다르지 않아요. 임종이 임박한 환자는 일반 병실에서 이곳으로 옮겨져 가족과 이별을 준비하지요."

방은 비어 있어 고요했다. 햇살 가득 안아 든 방이 하늘나라로 가는 어느 중간 지점쯤이 아닐까 생각했다.

"일반 병실의 환자들에게 인사해야지요?"

원장 수녀님은 앞장섰다.

'나를 어떻게 소개해야 하나?'

기자라고 하는 순간, 왠지 그 거리감은 쉽게 극복되지 않을 것 같았다. 그렇다고 자원봉사자라고 할 수도 없지 않은가?

첫 병실에 들어가 머뭇거리는 내 마음을 빤히 들여다본 듯 수녀님이 나를 소개했다.

"며칠간 머물면서 말벗이 되어 드릴 거예요. 서울에서 왔어요. 얘기도 나누고 사진도 찍을 거예요."

"안녕하세요. 잘 부탁드립니다."

수녀님 등 뒤에서 얼굴을 내밀어 90도 깍듯한 인사를 했다. 침대에 걸터앉아 있던 함 형(43)은 웃는 낯으로 내 나이를 물었다. "어, 우리 동갑이네." 하면서 농담을 던졌다. 긴장한 몸과 마음이 조금 누그러지는 것 같아 그 말이 참 고마웠다. 그는 나보다 몇 살 위 형님뻘이었고 이 병동 입원 환자 중에서는 가장 젊었다. 옆방 또 그 옆방을 차례로 인사하며 분위기를 살폈다. 자원봉사자로만 인식되는 듯해 카메라를 잘 보이도록 메고 "사진도 찍어드려요."라는 말을 인사 뒤에 슬며시 덧붙였다. 기자라고 대놓고 말할 수 없는 상황에 그렇게라도 해야 나를 부인하고 있는 나를 용서할 수 있을 것 같았다. 통증 완화를 받고 있어 그런지 환자들의 얼굴에는 몸의 고통이 담겨 있지 않았다. 길지 않은 생의 날들과 맞서 예민해져 있는 환자도 있었지만, 대체로 표정들이 밝았다. 침대맡을 지키는 가족들은 환자의 표정에 따라 슬픈 표정이기도 하고 편안한 얼굴을 보이기도 했다.

수녀님은 나를 위해 별채 '손님방'을 내줬다. 아무래도 병동 가까이에 머무는 게 시간 낭비를 줄이고 일에 깊이를 더할 수 있을 것 같아 염치없이 배려를 받아들였다. 짐을 풀고 해질 무렵 다시 병동으로 갔다. 첫인사에 편한 느낌을 받았던 함 형에게 다가가 슬쩍 말을 붙였다. 함 형도 심심하던 차에 잘됐다는 듯 무거운 몸을 일으켰다. 뇌종양 수술을 받은 함 형은 왼쪽 팔다리가 뜻대로 움직이지 않았다. 이제 한창 사회 활동을 할 나인데 병원 신세를 지고 있는 것이다.

"울기도 많이 했어요. 하지만 긍정적이고 좋은 생각만 하려고요."

함 형은 조금 과장되게 밝은 표정을 지었다. 서글서글한 눈매로 웃어 가며 이런저런 개인사를 털어놓았다. 누군가와의 첫 대면에 쉽게 얘기를 풀어놓는 것은 지루하게 반복되는 호스피스의 일상에서 마땅한 말벗이 없었기 때문만은 아닐 것이다. 자신에게 닥친 이해할 수 없는 재앙에 대한 부정이요, 왜 받아들일 수 없는지에 대한 설명이자 억울함의 호소였다. '회복하고 말겠다'는 의지도 그 안에 녹아 있었다.

"어렵게 살다가 올해부터 뭔가 풀리기 시작했는데……."

지어 보인 쓴웃음이 슬펐다. 어린 두 아들의 얘기에 목소리의 떨림이 느껴졌다. 말을 멈추고 허공을 한동안 주시했다. 눈시울이 금세 붉어졌고 복잡한 감정들이 머릿속을 날카롭게 긁으며 지나는 듯했다. 말로는 표현할 수 없는 아픔이 전해져 왔다. 얘기의 방향을 돌렸다. 함 형의 이야기는 정동진에 살던 어린 시절까지 거슬러 올라갔다. 친구들과의 추억을 자랑처럼 늘어놓으며 격해졌던 감정을 추스르고 있었다. 다시 밝아졌다. 그때 친구들이 가끔 병실을 찾는다고 했다. 호스피스의 첫날은 함 형의 옛 추억과 살아온 얘기를 들으며 그렇게 지나갔다.

절망과 희망
사이에서

다음 날 아침, 병동에 들어서자마자 함 형의 병실을 찾았다. 병실 밖에서 하릴없이 서성거리기보다, 아예 함 형의 말벗이라도 하면서 어설프지만 간병인 노릇도 시도해 보기로 마음먹었다. 다행히 함 형도 좋아하는 눈치다. 함 형의 병실이 소위 나의 거점이 됐다. 함 형과 같은 방을 쓰는 박 할아버지에게도 전날 봐서 구면임을 강조하며 인사했다.

"이곳에 처음 왔을 때 이전 병원에서 받았던 항암 치료 때문에 손발도 못 움직이고 누워만 지냈지. 통증 조절을 받으면서 신기하게 아픈 게 없어지는 거야. 이것 봐. 손발이 움직여. 다시 걷게 됐어."

할아버지는 큰 동작으로 손과 발을 흔들어 보였다. 깡마른 박 할아버지는 요즘 매일 아침 병동 복도의 이 끝에서 저 끝을 왕복하며 운동에 열심이다.

"다들 기적이라고들 해."

'기적'이라는 단어에 유난히 힘을 주었다. 퇴원해 집으로 돌아갈 수 있을지도 모른다는 기대감에 아이처럼 들떠 있었다.

전날 잠깐 인사하며 익힌 낯으로 다른 병실에 들어가 볼 용기가 나지 않았다. 복도를 배회하다 수녀님이나 의료진이 회진을 돌 때 따라붙었다. 서 할머니(81)는 병실 침대에 붙어 있는 간이 식탁에 엎드려 있었다. 식사를 거부한 채로. 분위기가 좋지 않아 문밖으로 나와 열린 문틈으로 들여다봤다. 기댄 팔 사이로 언뜻 보이는 얼굴에 고통의 그림자가 짙었다. 프란체스카 원목 수녀님이 손등과 팔을 쉼 없이 쓰다듬었다.

"나 좀 가만두세요, 제발."

식사를 권하는 수녀님을 향해 날이 서고 젖은 목소리가 터져 나왔다. 수녀님은 인내를 갖고 다독이며 말을 걸었고, 할머니는 고개를 절레절레 흔들며 만사가 다 싫은 듯 시선을 피했다.

힘겹고 고통스러운 시간이다. 사랑하는 자식, 정들었던 세상과의 이별을 위한 통과의례의 시간이었을까. 대부분의 환자들이 "죽으러 가기 싫다", "나를 죽일 셈이냐?"며 입원을 꺼린다는 호스피스를, 할머니는 스스로 찾았다. 환자 본인과 가족에게 고통을 안기는 무의미한 연명 치료를 접고 삶을 정리하는 시간을 선택한 것이다. 할머니는 자신의 선택이었지만, 이를 인정하고 받아들이는 과정을 힘겹게 통과하는 중이었다. 할머니는 왼쪽 가슴에서 팔까지 암세포가 번져 크게 부풀어 올라 있었다.

틈틈이 다른 병실을 둘러보는 시간 외에는 함 형의 서툰 간병인이 되었다. 함형의 몸은 오른쪽만 정상적으로 기능했다. 하지만 나머지 절반만큼만 불편한 것이 아니라 모든 것이 불편했다. 오른쪽으로만 할 수 있는 게 그래도 어느 정도는 되겠지 싶었는데, 생각보다 많은 것이 불가능했다. 단순히 옷을 입고 벗는 것도 누군가의 도움 없이는 어려웠다. 누구든 한 손만을 사용해 옷 입기를 시도해 본다면 몰랐던 그 불편을 확실하게 인식하게 될 것이다. 인체가 왜 좌우 대칭인지, 나뉜 역할과 좌우 힘의 배분이 얼마나 과학적으로 작동되고 있는지, 그 놀라운 구조와 이를 가능케 한 신의 섭리가 경이로울 뿐이었다. 옷 갈아입기나 신발 신기, 화장실 가기, 약 봉지 뜯기, 정수기 물 받기 등을 도왔다. 함 형은 나의 도움에 미안해하고 또 고마워했다. 그리고 자신의 의지로 움직이지 않는 '왼쪽'에 가끔 분노를 표현하곤 했다.

거동이 가능한 환자와 가족들이 햇살 가득한 휴게실에 모여 조그만 화분에 꽃나무를 심었다. 수녀님들과 자원봉사자들이 거들었다. 이를 '원예 치료'라 불렀다. 환자들은 흙의 느낌을 나누고 화분에 각각 이름을 붙였다. 햇살처럼 부푼 표정들이다. 환자들은 침대 옆에 두고 직접 심은 생명을 가꾼다고 했다.

이 치료 프로그램이 진행되던 바로 그 시간, 대법원의 존엄사 판결 이후 논란의 중심에 있던 '김 할머니'에 대한 첫 존엄사 집행이 서울 연세대 세브란스병원에서 이뤄졌다.

숙소인 별채로 돌아와 틈틈이 찍었던 사진을 정리하고 자리에 누웠다. 많은 생각들이 교차했다. 생의 마지막 지점에 닿아 있는 이의 세상은 어떤 것일까. 지금 누워 생각하는 이 시간도 생의 끝을 향해 달려가고 있는 것이 아닌가. 진정 삶의 완성이 죽음일 수 있을까. 이해되다가도 이해되지 않는, 나와 무관한 듯하면서도 무관하지 않은, 그런 모호한 지점에 내가 있고, 죽음에 대한 나의 인식도 그 지점에 있다고 생각했다.

상념의 쓰나미 속에서 주위에 일어나는 조그마한 소리에도 몸을 뒤척이며 억지로 눈을 감고 잠을 청했다. 간밤에 창에 부딪치는 바람은 어찌나 강하고 무섭던지.

상처를 보듬는
마지막 인사

사흘째가 되니, 오랫동안 봐 왔고, 또 한참을 볼 것처럼 환자와 가족들이 편안하게 느껴졌다. 첫날에 비해 마음은 한결 가벼워졌다. 복도를 오가며 환자 가족에게 안부를 묻고 천연덕스럽게 병실

을 들여다보며 인사도 했다. 그러던 중, 한 병실 안의 노부부 모습이 시선을 붙들었다.

생의 끝에 닿은 늙은 아내는 종일 침대에 누워 있었다. 아내 곁을 지키던 할아버지는 무거운 걸음으로 휴게실에 나와 아내와의 지난 세월을 반추하듯 초점 없는 눈으로 창밖을 바라보곤 했다. 다시 병실로 들어가 긴 시간 아내 옆을 지켰다. 늙은 남편은 암에 뇌졸중까지 와서 눈을 뜨고서도 말을 하지 못하는 아내에게 끊임없이 말을 걸었고, 아내는 말 대신 쉿소리를 토해 내며 온 힘을 눈빛에 모아 남편을 바라봤다. 반세기가 넘는 이승에서의 연을 하늘나라에서도 이어 가려는 듯, 서로의 눈빛과 목소리를 기억하는 시간이리라. 할아버지는 "알았어. 걱정 말아." 하고 할머니를 토닥였고 팔과 다리를 쉴 새 없이 주물러 주었다.

노부부의 모습을 한참동안 바라보다가 눈자위가 뜨거워졌다. 할아버지는 먼저 떠나보내야 하는 아내를 무척 가여워했다.

"좀 더 잘해 주지 못한 게 미안하지."

그렇게 슬플 수 없는 긴 한숨을 지었다. 보낼 준비는 됐다며 쓰디쓴 웃음을 지었다.

호스피스 복도가 오가는 의료진과 환자 가족들로 부산스러웠다. 건넌방 노인 환자를 임종방으로 옮기고 있었다. 어제 원예 치료 프로그램에서 휠체어에 앉아 장성한 자녀들과 함께 꽃나무를 심던 노인이었다. 가까이 온 죽음의 징후를 경험으로 아는 의료진이 할아버지를

임종방으로 안내했다. 이미 마음의 준비를 해 온 가족들도 북받치는 감정을 추스르지 못했다. 가까운 가족과 친척들이 줄줄이 방문했다.

긴 이별 앞에서 환자와 가족들이 삶 속에서 주고받았던 고통과 상처를 서로 보듬고 위로하고 용서하는 시간을 갖는다. 마지막 사랑을 확인할 시간이기도 했다. 하지만 정작 죽음을 눈앞에 둔 할아버지는 삶의 끈을 쉽게 놓지 못하고 있었다.

"나 좀 살려줘……."

임박한 죽음 앞에서 가쁘게 애원했다. 임종방으로 옮겨진 할아버지가 밤늦게나 새벽녘에 돌아가신다면 인근 병원 장례식장으로 이송될 것이다.

'창밖 바람소리에 다급한 차량 소리가 섞이면 일어나 나가 봐야지.'

귀를 세운 채 손님방에서의 마지막 밤을 얕은 잠으로 보냈다.

마지막 날, 프란체스카 원목 수녀님이 아침부터 병실을 돌았다. 원목 수녀님은 누워 있는 환자들의 귀에 얼굴을 바짝 묻은 채 무언가를 끊임없이 속삭였다. 무얼 그리 열심히 얘기하실까.

"호스피스 생활은 환자와 가족이 마음의 상처가 남지 않도록 정리하고, 아름다운 이별을 준비하는 소중한 시간이에요. 이별 앞에 가족이 화해하고 사랑을 나누는 모습은 호스피스의 큰 보람이지요. 남은 삶이 얼마나 될지는 아무도 모르는 일이지만, 분노로 하루하루를 채워 가는 것이 부질없음을 주지시키고, '비관'을 '긍정'으로 바꿀 수 있도록 끊임없이 얘기합니다."

죽음의 질 지수

자료:영국이코노미스트연구소

1위

1위 .... 영국
2위 .... 오스트레일리아
3위 .... 뉴질랜드
4위 .... 아일랜드
5위 .... 벨기에
6위 .... 오스트리아
7위 .... 네덜란드

32위 .... 한국

죽음의 질 지수,
우리나라는 최하위권.
아프면서 생을 마감하는 기간은
선진국의 두 배.

죽음을 앞둔 사람이 수십 년 살아온
자신의 인생을 아름답게 마무리할 수 있게
해 주는 것이 인간된 도리이자
우리 사회가 성숙해지는 길

얘기하는 수녀님의 표정이 '긍정'이라는 단어에 가장 가깝다는 생각이 들었다.

수녀님은 늙은 남편과의 이별을 앞둔 박 할머니의 가슴과 머리를 번갈아 쓰다듬으며 편안한 마음을 가지고 마지막을 준비하도록 위로하고 있었다. 할머니는 말없이 고개를 끄덕였다.

"할머니, 자녀들이 몇이에요? 둘이요? 셋이요?"

수녀님이 손가락으로 숫자를 들어 보이며 물었고, 잠깐의 침묵이 흘렀다. 할머니의 골 깊은 주름으로 가만히, 그리고 긴 눈물 한 줄기가 흘러내렸다.

이틀 전 식사를 거부한 채 예민해져 있던 서 할머니는 침대에 차분하게 누워 깊은 생각에 잠겨 있었다.

"(죽음을) 슬프게 생각해서는 안 돼요. 앞에 간 사람도 있고, 뒤에 올 사람도 있고…… 즐겁습니다. 자식들이 화목해서 기뻐요."

모든 것을 정리하고 호스피스로 들어왔다는 서 할머니는 미소를 지어 보였다. 생의 끝에서 이런 말들이 도대체 어떻게 가능할까. 삶과 죽음을 초월한 것 같은 할머니의 말씀에 숙연해졌다. 서 할머니의 남은 생이 아프지 않으면서 좀 더 길어지기를 간절히 빌었다.

호스피스를 떠나며 수녀님과 간호사, 환자들과 작별 인사를 했다. 그리고 마지막으로 함 형의 방을 찾았다. 내가 떠나는 날이라는 것을 아는 함 형의 표정이 조금 어두웠다. 침대 앞 탁자 위에 카메라를 올려놓고 함 형과 어깨동무를 한 채 셀프타이머를 이용해 기념사진을 몇 컷 찍었다. 함 형은 가방을 메고 병실을 나서는 나를 배웅하기 위해 계단 앞까지 힘겹게 따라 나왔다. 며칠 동안 들었던 정이 깊었다. 그간 나는 함 형의 벗이 되었고 함 형 또한 기꺼이 나의 벗이 돼 주었다. 나눴던 많은 얘기들이 스쳤다. 함 형이 내민 오른손을 잡고 포옹을 했다. 자신의 마음처럼 와락 끌어안을 수도 없는 함 형은 오른발을 축으로 힘없이 무너지듯 내게 몸을 기대어 왔다.

"힘내세요. 편안히 행복하게 지내요. 빨리 나아서 같이 가자미 회 먹으러 가야지요."

함 형은 면회 오는 친구 편에 가자미회 시킬 테니 같이 먹자고 매번 말했고, 그때마다 나는 말렸었다. 절망 속에서 울면서도 저버릴 수 없는 삶에 대한 일말의 희망, 암에 대한 극복 의지와 공존하는 앞날의 불확실성, 마음과 달리 점점 멀어져 가는 몸, 좌절과 분노, 복잡한 감정이 함 형의 얼굴을 훑고 지나가는 듯했다. 그 위로 지금 이 순간 헤어짐의 슬픔이 밀려들었다. 호스피스 병동 계단을 내려서다 뒤돌아보니, 함 형은 눈시울이 빨갛게 물든 채 나를 바라보고 있었다. 울음인지 웃음인지 모를 미소를 지으면서.

05

'다른 개발'은 가능할까?

서울 중계본동 백사마을

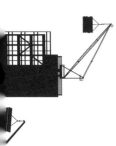

낡은 집
＝
사라져야 할 집

거센 재개발
광풍

　　서울 중계본동 백사마을은 달동네다. '달동네'라 불리는 것은 옛 드라마의 제목에서 유래했다고 한다. 굳이 드라마가 아니라도 누구나 이 마을을 달과 연관시켰을 것 같다. 높이 솟아 시야를 가리는 것이 없는 이 마을 어느 곳에서라도 환한 달의 낯을 마주할 수 있다. 해가 기울어 집과 길의 윤곽과 경계가 지워지는 시간에 수줍은 듯 켜지는 골목의 가등은 겨우 주변부를 밝혔다. 밤이 되면 불야성을 이루는 도심과 달리 어둠이 내리면 그 어둠을 가감 없이 받아들이는 곳이 백사마을이다. 마을을 찾은 날, 성급한 초승달이 초저녁부터 하늘을 살짝 도려낸 듯 나타났다. 이곳의 달은 선명하고 밝아 유난히 크고 도드라져 보였다. 마치 마을의 모자란 빛을 홀로 감당하겠다는 듯이.

　　재개발 광풍에 서울의 달동네들이 사라진다. 달동네를 밀어낸 자리엔 예외 없이 아파트가 솟는다. 달동네가 자취를 감추면서 그곳에서 몸을 부비고 살던 삶도 함께 흔들리며 쓸려 간다. 서울과 경기도의 경계쯤 되는 변두리에서 또다시 밀린 삶은 서울 밖 어느 먼 곳에서 다시 남루한 삶을 이어갈 것이다. 신림동, 봉천동, 옥수동 등 서울의 대표적인 달동네들이 자취를 감추었지만, 백사마을은 아직 그 모습을 고스란히 간직하고 있다. 그래서 '서울의 마지막 달동네'라고 불린다. 1960년대 말 청계천을 복개하고 주변을 정리하는 과정에서 쫓겨

난 철거민이 서울의 끝자락인 이곳에 하나둘 짐을 부려 놓았다. 이주 당시, 산 104번지여서 나이 든 주민들은 주소가 바뀌었는데도 여전히 '백사마을'이라고 부른다.

백사마을은 불암산 자락에 기대고 있다. 완만하면 완만한 대로 가파르면 가파른 대로, 경사지의 흐름과 굴곡에 따라 고만고만한 단층짜리 집들이 어깨를 걸고 따닥따닥 붙어 있다. 마을의 입구부터 이어진 길을 따라 허름한 상점들이 들어섰다. 철물점, 구멍가게, 식당, 쌀집, 이발관, 세탁소, 방앗간, 전파사, 슈퍼 등이 길을 사이에 두고 마주 보고 있다. 'OO양행'이니 'OO상회' 같은 유행 지난 옛 간판들도 눈에 띈다. 칠이 벗겨지고 녹슨 간판이 세월을 그대로 간직하고 있었다.

한 평도 안 돼 보이는 구멍가게에는 김, 멸치, 액젓, 뻥튀기, 오징어포, 소금, 실 등 두서없는 다양한 물건들이 소량으로 진열돼 있었다. 방앗간은 떡을 뽑고 고추를 빻던 기계들이 버티고 서 있었지만 정작 사람 손을 탄 지는 오래인 듯 보였다. 기계 옆으로 종일 깔려 있을 법한 허름한 이부자리가 놓였다. 비탈을 따라 오르다 '쌀'이라고 써 붙인 유리문 안을 들여다보니, 휑한 공간 한쪽에 10킬로그램짜리 브랜드 쌀 몇 포대가 소박하게 쌓였다. 쌀집 옆 이발관에는 낡고 육중해 보이는 의자가 대부분의 공간을 차지하고 있었다. 빈 의자 뒤 구석에서 손님 없어 무료한 주인은 한가롭게 졸았다. 녹슨 자물쇠가 걸린 채 방치된 가게 안쪽으로는 빛바랜 쓰레기들이 돌아다녔다. 무엇을 하던 가게였을까. 낡은 처마 밑에 붉은 페인트 글씨가 대부분 지워진 채 희미하게 남아 'OO도매'라고 겨우 읽혔다.

밤이 되면 불야성을 형성하는 도심과 달리 어둠이 내리면
그 어둠을 가감 없이 받아들이는 곳

영화 세트장 같은
비현실감

　　주변에 빼곡히 들어찬 아파트 숲을 지나서 닿게 되는 이 동네는 생뚱하게 솟은 섬 같다. 아파트 단지보다 훨씬 먼저 생겼을 터인데 아파트 사이에서 오히려 이질적이었다. 우리의 어느 가난했던 시절의 모습을 재현해 놓은 영화 세트장처럼 보였다. 걸어서 마을 입구로 들어서는 순간, 투명한 막을 젖히며 40년 전쯤의 시공으로 빨려 들어가고 있는 것 같은 착각이 일었다.

　입구에서 완만하게 펼쳐진 오르막을 따라가다 보면 길이 두 갈래, 세 갈래로 나뉘기를 반복하고, 그 나뉜 길을 따라 또 길이 이어지고, 그 길에서 사람 하나 겨우 지날 수 있는 골목으로 찢어지고 규칙 없이 흩어졌다. 나뉘었던 골목은 다시 모였다가 갈라지기를 반복했다. 막힌 것 같은 길 끝에서 가까스로 새로운 길이 시작하고, 넓은 길들은 좁아지며 자취를 감추는 듯 극적으로 이어지고 있었다. 미로 같은 골목에서 또 다른 골목으로 흘러 들어가다 보면 어느새 익숙한 길과 마주친다. 실제로 지나왔던 길인지, 아니면 기시감 때문인지 혼란스럽다. 새의 눈으로 내려다본다면 골목은 거대한 거미줄처럼 짜여 있을 것이다. 촘촘하거나 얼기설기 짜인 골목의 선들이 나누어 놓은 공간에는 어김없이 누추한 집들이, 역시나 무질서하게 들어서 있다. 키 낮은 대문과 손바닥으로 가려지는 좁은 마당을 가진 집이 있는가 하면, 골목으로 난 미닫이문을 열고 들어서면 바로 거실이나 방인 집도 있

서울 재개발지역
원주민 평균
재정착률은
44퍼센트에 불과...

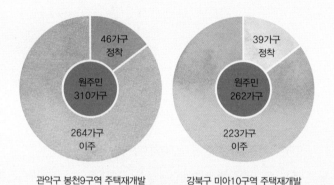

46가구
정착

원주민
310가구

264가구
이주

관악구 봉천9구역 주택재개발

39가구
정착

원주민
262가구

223가구
이주

강북구 미아10구역 주택재개발

새 주택이 지어지면, 임대료 역시 크게 올라
자신이 살던 지역에 다시 입주하는 것은
그야말로 꿈만 같은 일이 된다.

집을 잃고 아래로 더 아래로 밀려가는 사람들

누구를 위한 재개발일까?

다. 허리를 깊숙이 구부려 들어선 집에는 조악한 부엌살림과 방 한 칸이 한눈에 들어온다. 쫓겨 들어온 철거 이주민들이 급히 지어 살아온 허술한 집들은 세월까지 얹혀 지붕과 벽, 어느 한 곳 성한 데가 없어 보였다. 이리 덧대고 저리 꿰맨 흔적들이 삶의 신산함을 그대로 웅변하고 있었다.

달동네 최대의 적은
비

　　　　비는 위태로워 보이는 집에 최대의 적처럼 보였다. 지붕은 군청색, 파란색, 주황색, 녹색 등 다양한 색상의 천막들을 이고 있었다. 바람에 천이 들리거나 날리지 않도록 그 위에 큼지막한 벽돌을 얹거나 폐타이어를 줄에 엮어 고정시켰다. 비로부터 집을 지키는 것이 곧 삶을 지켜 내는 것인 양 대부분의 지붕이 비슷한 모양새를 갖췄다. 마을의 가장 높은 곳에서 내려다보니 동네 전체를 각양각색의 조각천으로 어색하게 기워 놓은 듯했다. 하지만 장대비가 연일 쏟아지면 이도 해결책이 되지 못하는 모양이다. 방 안으로 흘러드는 빗물과 한바탕 전쟁이 시작된다.

　1968년 백사마을에 들어왔다는 곽 할머니 집의 벽과 천장은 구석구석 세력을 확장하고 있는 곰팡이의 흔적들로 거뭇거뭇했다. 쾌쾌하고 습한 곰팡이 냄새가 코를 파고들었다. 천장에서 물이 뚝뚝 떨어졌다. 빗물의 무게를 견디지 못한 부엌 천장의 합판은 내려앉았고, 벽지는 물에 불어 갈기갈기 찢어졌다. 방 안에서는 양동이를 놓고 빗물을 받아 내고 있었다.

"똑, 똑, 똑, 똑……."

규칙적으로 떨어지는 빗물 소리가 좁은 집에서 유난히 크게 들렸다.

"곰팡이 냄새 때문에 머리가 아파 죽겠어요. 지붕까지 뜯어내야 하는 대공사라 엄두도 못 내요."

할머니는 한숨을 쉰다. 곽 할머니는 내가 이 '사태'에 도움이 될지 모른다는 생각을 한 것인지 불편한 생활을 일일이 설명하려 했다. 누구라도 붙들고 말해야 할 것 같은 답답함이, 아니 지나온 삶의 회한이 그 안에 자리하고 있었을 것이다. 비 그치고 마를 때까지 그저 버티는 것 이상의 방법은 없어 보였다.

달동네의 낮은 고요하고 평화로웠다. 안으로 깊이 들어앉은 골목에는 인적이 드물다. 어느 골목에선가 야채 장수의 확성기 소리가 잠깐씩 마을의 고요를 갈라놓았다. 확성기 소리 한 번에 멀리서 혹은 가까이서 개들이 짖으며 장단을 맞추고 있었다. 야채 트럭이 사라진 마을에 다시 찾아온 완전한 적막 위에 드문드문 개 짖는 소리가 무늬를 드리워 놓았다. 적막해서 더 나른한 시간에 미로 같은 골목을 마음 가는 대로 걸었다. 백구 한 마리가 나의 눅눅한 땀 냄새와 기척을 알아채고 잽싸게 지붕 위로 뛰어 올라왔다. 그리고 짖었다. 그 우렁찬 소리는 좁은 골목 사이에서 공명했다. 나를 향해 짖은 것이 분명하니, 조금 무안해져서 괜히 주위를 두리번거렸다. 주인 없는 집을 지키는

본연의 임무에 충실한 것인지, 심심하고 무료한 시간에 낯선 이마저 반가워서 그러는 것인지. 여하튼 한참 바라봤다. 내가 개를, 개가 나를. 골목을 오르내리면서 백구와 계속 눈이 마주쳤다. 제법 긴 시간 동안 그 골목에서 거친 숨을 쉬는 것은 개와 나뿐이었다. 친밀감이 슬며시 고개를 들었다.

노인만 남아 지키는 마을

아이와 어른들이 학교와 일터로 빠져나간 마을에는 노인만 남았다. 마을 입구 쪽 길가에 할머니들이 따가운 볕을 피해 자리를 깔았다. 명당의 첫 입지 조건은 시원한 그늘보다 오가는 이들이 잘 보이는 곳인 것 같다. 급할 것 없이 긴 시간에 걸쳐 하나둘씩 모인 노인들은 두런두런 얘기꽃을 피웠다. 힘겹게 견뎌 온 인생살이를 공유하는 것일까, 손주들의 자랑을 늘어놓는 것일까. 한숨과 웃음이 수시로 교차하고 있었다. 그러다 길을 지나는 이가 있으면 "오랜만이네.", "어디 가?" 하고 말을 걸곤 했다. 어제 모였던 이들이 오늘 다시 모였을 터이지만 이야기는 늦도록 이어졌다. 새로울 것 없는 얘길 텐데 간간이 터져 나오는 웃음만은 새것이었다. 노인들은 그렇게 긴 하루를 건넜다.

이른 아침에 골목에서는 버려진 폐지를 줍는 노인들을 어렵지 않게 만날 수 있었다. 작은 손수레에는 신문지, 종이 박스 등 폐지들이 손수레에 무게를 더할 것 같지 않을 정도로 소박하게 실렸다. 새벽 시간 부지런한 노인들이 마을과 마을 인근을 돌면서 폐휴지를 훑어가 버리면 어중간한 시간, 한발 늦은 노인들은 골목을 돌아봐야 큰 수확이 없다. 김 할아버지는 허리를 잔뜩 구부린 채 힘없이 손수레를 끌고 집으로 돌아왔다. 길과 맞닿은 쪽문 앞에는 요 며칠간 모아 놓은 듯 신문지와 박스, 빈 병들이 무질서하게 모여 있었다. 문을 열자 바로 부엌이다. 잡동사니들이 시야를 막았다. 싱크대는 물을 쓴 흔적이 없이 말랐고, 그 위에 집기들이 겹겹이 쌓여 위태한 탑을 만들고 있었다. 냄비 하나 올려 있지 않은 가스레인지에는 먼지가 수북하다. 식사의 흔적을 부엌에서 찾을 수 없다. 김 할아버지는 부엌과 붙은 쪽방으로 들어서자마자 방 한쪽에 밀어 둔 밥과 반찬 통을 끌어다 어중간한 아침 식사를 들었다. 성당과 대한적십자사에서 제공하는 밥과 반찬이다. 아침 일찍 나가서 동네와 인근 아파트 단지들을 돌다 온 뒤라 시장할 테지만 입맛이 없는지 식사는 하는 둥 마는 둥이다. 도시락을 밀어 놓고 유난히 길어 보이는 장미 담배 한 개비를 피워 물었다. 감당해 온 세월이 주름진 손등과 거친 손가락에 깊이 새겨져 있었다. 손에 들린 담배와 그 담배를 빨아들이는 할아버지의 모습이 외롭고 슬픈 얘기를 들려주는 듯했다. 담배를 태우는 그 짧은 순간이 시름을 잊는 유일한 시간처럼 행복해 보이기도 했다.

"할아버지 혼자 사세요?"

"식사 더 안 하세요?"

침묵 속에서 나의 물음에 들릴 듯 말 듯 짧은 말과 긴 웃음으로 답했다. 희미한 웃음의 여운이 채 사라지기 전에 할아버지는 앉은 자리에서 그대로 몸을 뉘었다. 부엌에서 방 안을 들여다보며 말을 건네던 나는 안중에 없었다. 눕는 동작은 느린 재생 화면을 보는 듯 절도도 힘도 없이 서서히 무너지듯 했다. 그리고 이내 깊고 곤한 잠에 빠져들었다.

다음 날, 다시 김 할아버지를 찾았다. 문 앞에 손수레가 아무렇게나 놓여 있었다. 어제 미처 듣지 못했던 사연이라도 들을 수 있을까. 반쯤 열린 문을 밀고 들어가니, 할아버지는 밥과 반찬을 벌여 놓은 채 깊이 잠들어 있었다. 늙고 피곤한 몸은 식욕보다 수면욕이 더 당기는 모양이다. 홀로 먹는 식사가 식욕을 부르는 게 이상한 일이라고 생각했다. 반찬 통 앞으로 힘없이 늘어뜨린 손, 너무나 깊고 조용한 잠이었다. 순간 덜컥 겁이 났다. 혹시나 싶어 가슴 주위를 유심히 살폈다. 헐거운 옷이 조금씩 부풀었다 가라앉았다 했다. 찌든 고독과 외로움이 숨을 따라 들고 나고 있었다. 한참을 바라보다 할아버지 머리맡에 장미 담배 몇 갑을 놓고 발길을 돌렸다. 안타깝고 서글펐다. 마음이 몹시 무거웠다.

달동네는 저녁 무렵이 되자 생기가 돌기 시작했다. 아이들이 학원이나 마을 회관, 교회 등에서 운영하는 공부방 수업을 마치고 집으로 돌아오는 시간이다. 뜀박질하는 아이들의 발소리, 재잘대는 말소리가 마을의 정적을 걷어 냈다. 혈관 같은 골목골목에 맑은 피가 공급되듯 빠르게 스며들었다. 또래 여자아이들의 청량한 노랫소리가 공기 중에 실려 떠다닌다. 구멍가게 평상에 모여 앉은 사내아이들은 딱지놀이에 여념이 없다. 날 저무는 줄 모르고 "갈라리(가위, 바위, 보)"를 외친다. 하늘을 가릴 것 없는 달동네에는 해도 오래 머무는 듯했다. 해가 넘어가자 희미한 가등이 골목마다 켜졌다. 늦도록 그치지 않는 아이들의 재잘거림이 가등의 빛처럼 은은했다.

백사마을을 걷다 보면 여느 곳에서 본 해바라기보다 목을 더 길게 빼고 있는 해바라기들을 마주치게 된다.

'달동네의 해바라기라……'

팍팍한 삶 속에서 주민들이 소중히 심고 가꾸는 꿈이 아닐까.

승효상_ 2014년11월14일 경향신문 인터뷰 중

'다른' 개발을 말하다

서울시 총괄 건축가 승효상 씨가 주도하는 서울의 마지막 남은 달동네 '백사마을' 재개발 프로젝트

01 원주민이 애초 디자인한 원형을 그대로 살린다

02 완만한 경사와 급경사의 조화를 그대로 둔다.

03 혈관처럼 뻗은 골목의 공간적 어울림과 역동성, 주민이 쌓아 올린 옹벽,
    비정형화된 계단 하나까지 최대한 살린다.

04 개발 예정지의 3분의 2는 기존 방식대로 고층 아파트가, 나머지는 새로
    운 방식의 단독주택으로 만든다.

" 세계적으로 아름다운 마을은
모두 건축가나 전문가의
손이 닿지 않았어요. 자신의
터전을 손수 닦은 사람들이
그곳의 최고 건축가인 거죠.
백사마을도 원주민이 처음
낸 골목, 쌓은 담장을 그대로
보존한 형태로 개발할
예정입니다. 한국에서는 처음
시도되는 일이죠. **"**

유네스코가 역사 마을 보존을 위해
제시한 네 가지 원칙 중 한 가지는
'원주민의 삶의 방식을 바꾸지 말라는
것.' 사람이 콘크리트 아파트에 자리를
내주고 하루아침에 삶의 방식이
흔들려야 했던 과거 재개발 방식을
버리고 '다른' 개발을 말해야 할 때다

06 왜 어떤 사랑은
죄가 됐을까?

남자×남자, 여자×여자

왜 저들은
동성애자가 됐을까,
묻지만

왜 나는 이성애자일까,
고민하진 않잖아요

남자가
남자를?!

'마님'과 '재경'은 게이 커플이다. 이 커플이 사는 모습을 사진에 담고 싶어 집으로 가도 되느냐고 물었다. 반지하라 어둡고 좁고 누추하다며 단박에 거절했다. 대신 집 인근의 재래시장에서 만났다. 일종의 타협이었다. 평소 함께 장을 본다기에 이를 카메라에 담기로 했다. 마님과 재경이 건어물 가게 앞에 멈췄다. 살림은 마님의 몫인 듯 반쯤 말려 꼬들꼬들한 가자미를 들어 이리저리 살피고 냄새를 맡았다.

"이거 맛있어요?"

"그럼요. 기름 두르고 살짝 구워도 좋고 양념을 얹어도 맛있어요."

가게 주인아주머니는 두 남자에게 조금 더 상세하고 친절하게 조리법을 설명했다.

"맛없으면 앞으로 안 와요."

마님이 부드럽게 으름장을 놓았다. 그 말에 싱긋 웃던 아주머니는 두 남자를 찍고 있는 내게 시선을 돌렸다.

"이분들 왜 찍어요? 뭐 하는 분들이에요? 어디에 나와요?"

"유명한 분들입니다."

나는 그저 짧게 답했다. 커플이 방송에도 나온 적이 있던 터라, 상인 아주머니의 반복되는 질문에 그 정도 답이면 됐다고 생각했다. 한편 "이분들 게이 커플입니다."라고 왜 말하지 못했나를 곱씹었다. '게이'라는 말에 가게 주인이 보일 반응과 이에 당황할 커플을 머릿속에서

'이분들
게이 커플입니다'라고
왜
자신 있게 말하지
못했나를
곱씹었다

재빨리 계산하고 있었던 것 같다. 내가 가진 편견으로 아주머니의 반응까지 미리 재단한 것이다. 나의 어정쩡한 대답이 이 커플에게 상처가 되지는 않았을까. 짧은 순간에 여러 생각이 스쳤다.

"게이 인권운동 하는 분들입니다."

딱 그 정도만 얘기했어도 좋았을 거라고 뒤늦게 후회했다. 장을 보는 동안에도 무슨 얘기를 나누는지 둘은 틈틈이 마주 보고 웃었다. 이번에는 시장 입구 트럭에서 파는 알 굵은 통마늘 50개를 사서 장바구니에 넣었다.

"그렇게나 많이 사세요?"

마님에게 물었다.

"마늘 장아찌를 만들 거예요."

"그런 것도 할 줄 아세요?"

"(웃으며) 인터넷에 다 나와 있어요."

"아, 예."

장을 보고 집으로 향하는 커플에게 한 번 더 졸라 보았다.

"집이 너무 지저분해서……."

둘은 난색을 표했지만 표정은 한층 누그러져 있었다. 어떻게 할지 서로의 생각을 눈빛으로 물어보고 있었다.

"집을 찍으려는 게 아닙니다. 두 분을 사진에 담으려는 겁니다. 게이 인권에 가족 구성권을 중요하게 생각한다는데 '가족'이라는 개념이 '집'이라는 공간과 밀접하잖아요."

집은 지저분하지 않았다.

"제가 음료수를 좋아하지 않아서 대접할 게 별로 없어요."

마님은 오렌지 하나를 까서 접시에 내왔다. 다시 냉장고를 이리저리 뒤졌다.

"이런 거 좋아할지 모르겠네……."

내민 것은 말린 고구마였다. 조그맣고 딱딱한 조각을 씹다 보니 고구마의 맛이 살아났다.

"맛있네요. 직접 하신 거예요?"

내 반응이 궁금한 듯 바라보는 마님에게 물었다.

"네, 삶아서 직접 말렸어요."

'그럼 누가 했겠어?' 하는 표정이었다. 마님의 살림살이 내공이 느껴졌다.

커플은 통마늘을 함께 다듬었다. 마님이 시범을 보이고 재경이 따라 했다. 평소 쓰는 이름이 닉네임이지만 내가 '마님', '재경' 하고 부르기가 좀 그랬다.

"저보다 나이가 위신데 호칭은 어떻게 하면 편할까요?"

"게이들 사이에서는 '언니'라 부르기도 하는데……."

그렇게 불러 주는 것이 편하다는 말로 들렸다.

"예, 그럼 그렇게 불러 보는 것도 색다른 경험이겠네요."

'언니, 언니' 하고 머릿속에서 불러 보았지만, 차마 입에서 말이 되어 나오지 않았다. 호칭이란 게 성 정체성을 그대로 드러낸다는 것이 증명되고 있었다. 학습을 통해 이미 굳은 호칭이다. 내 안에서 '언니'라는 단어는 철저하게 거부되었다. 게이 사이에서는 '언니'라는 호칭이 흔하다. 남녀 오직 두 가지 성을 바탕으로 오빠, 언니, 형, 남편, 아내 등의 정형화된 호칭과 성 역할에 대한 거부라고 했다.

결국 '마님 형, 재경 형'으로 타협했다.

두 사람은 어떻게
처음 만났을까?

"4, 5년 전쯤 '친구사이'에서 만났어요."

내과 의사인 재경은 '동성애자의사모임'에서 게이 인권단체인 '친구사이' 후원을 알아보다가 직접 활동하게 됐고, 이미 이 단체에서 활동하고 있던 마님을 만났다.

"처음에는 애인이 있는 줄 알았어요."

재경이 말했다.

"첫눈에 반했나요?"

"아니요. 마님 형이 올린 '커밍아웃' 스토리를 보고 관심이 생겼어요. 첫눈에 반한 건 아니죠."

재경은 마님을 흘낏 쳐다보며 웃었다.

"마님 형이 노래를 잘하거든요. 노래방에서 이소라의 〈제발〉을 부르는 모습에 빠졌어요."

이들은 서로 먼 거리를 오가며 사랑을 키우다 4년 전 동거를 시작해 동반자(파트너)가 되었다.

"앞으로 어떻게 살 건가요?"

편견이 가득한 사회에서 게이 커플로 살아가는 것에 대한 물음이었는데, 나 역시 편견으로 묻고 있었다. 던진 질문이 좀 애매하고 이상하다 싶었다. 아니나 다를까 조금 어이없다는 표정이었다.

"어떻게 살다뇨? 행복하게 살아야지요."

질문이 구렸다. 이성애자 부부였다면 꺼내지도 않았을 질문이다.

"동반자로서 함께 계획하고 있는 게 있나요?"

"로또 당첨돼서 아파트도 사구요. 하하하."

"의사인데 뭐 로또까지 바라시고……."

"좀 넓은 집으로 이사 가고 싶어요."

"혹시 입양도 생각하세요?"

"입양 생각도 있지만 현재는 시간적 여유가 없구요. 원한다 해도 현실적으로 동성애자의 입양은 거의 불가능합니다."

얘기는 이어졌다.

"동반자 관계(파트너십)라는 것은 삶을 공유하고 미래를 함께 설계하는 이성애자들의 동거나 결혼과 같습니다. 하지만 동성애자의 동거는 사실혼으로 인정되지도 않지요. 동반자에게 불행이 생길 때 보호자도 될 수 없어요. 이성애자들이 결혼으로 받을 수 있는 제도적 혜택을 전혀 누리지 못하고 있습니다."

재경은 살짝 격앙된 채 말을 쏟아 냈다. 군데군데 생소한 용어들을 잘 이해하지 못하고 있는 내가 답답해서 그랬을지도 모르겠다.

차별금지법
입법청원

　　　　　재경은 '친구사이'의 대표로 '차별금지법 입법청원'을 준비
하고 있었다.

　"2007년도에 이어 2010년에도 성 소수자 차별금지 조항 등이 빠
지면서 실패했어요. 차별금지법에 있는 여러 조항을 보면 누구나 소
수자입니다. 또 정치, 사회, 문화적으로 언제든 소수자가 될 수 있는
것이구요. 살다가 장애도 가질 수 있는 것 아닙니까. '나는 주류'라는
것, 허망한 꿈입니다. 법안이 통과되면 이성애 부부들이 누리는 제도
적인 혜택을 동성애자에게도 인정하는 '파트너십 제도'라는 것을 기
대합니다. 물론 법안이 통과돼도 현실적인 제도 개선에 상당한 시간
이 필요할 거예요."

　그만큼 성 소수자에 대한 현실의 벽은 견고하다. 무엇이 먼저일까.
법과 제도가 시민의 인식을 바꾸는 것인지, 시민들의 인식이 법과 제
도를 끌고 가는 것인지. 제도와 인식이 균형을 이루는 지점까지 얼마
만큼의 시간이 필요할 것인지. 어쨌거나 '모든 국민은 법 앞에 평등하
다'는 헌법의 대전제 앞에서 게이들은 확실히 예외적인 삶, 소외된 삶
을 살고 있다.

　커플의 집에서 긴 얘기를 나눴고 몇 컷의 사진을 찍었다. 재경이 며
칠 앞으로 다가온 성 소수자들의 축제인 '퀴어축제' 준비를 위해 단체
사무실로 가야 한다기에 함께 일어났다.

"저녁 시간인데 밥이라도 먹고 가요."

마님이 말했다.

"다음에요."

서둘러 신발을 신었다. 빈손으로 그것도 우격다짐으로 불쑥 찾아
간 터라, 밥 얻어먹을 면목이 없었다.

"그럼 잘 가세요."

마님은 인사하면서 가재미를 기름 두른 프라이팬에 올려놓았다.

"치~익"

생선 굽는 소리가 문밖으로 따라 나왔다.

동성애자들의 아지트,
서울 종로구 낙원동

서울 종로구 낙원동. 밤이 되면 이곳은 게이들의 '낙원'이
다. 종로3가 지하철역 출구 앞에는 잘 차려입은 남성들이 홀로 혹은
두어 명씩 무리 지어 누군가를 기다렸다. 멋 부린 남성들이 지하철역
계단을 서둘러 올라오거나 낙원상가 쪽에서 성큼성큼 길을 가로지르
며 수시로 기다리던 이에게 다가왔다. 한 커플은 오랜만에 만난 듯 더
이상 달콤할 수 있을까 싶은 목소리로 "잘 지냈어?" 하고는 서로의
허리를 감싸고 다정한 눈빛을 교환했다. 아주 오랜 연인은 아닌 듯 상
대의 팔꿈치 언저리쯤을 손목으로 수줍게 감아쥔 채 네온사인 불빛

2013년 4월 24일
철회된 차별금지법안
제4조 1항

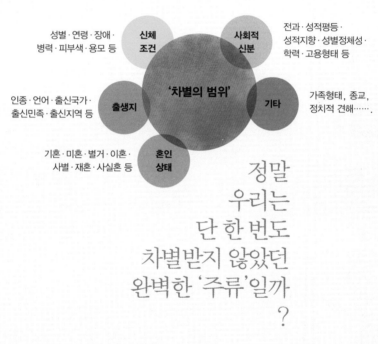

성별·연령·장애·
병력·피부색·용모 등

**신체
조건**

**사회적
신분**

전과·성적평등·
성적지향·성별정체성·
학력·고용형태 등

'차별의 범위'

인종·언어·출신국가·
출신민족·출신지역 등

출생지

기타

가족형태, 종교,
정치적 견해…….

기혼·미혼·별거·이혼·
사별·재혼·사실혼 등

**혼인
상태**

정말
우리는
단 한 번도
차별받지 않았던
완벽한 '주류'일까
?

속으로 사라져 갔다. 밤이 깊어지자 길에는 대부분이 남성이다. 그 시간에는 대체로 게이라고 보면 된다고 했다. 길거리를 배회하고 있던 나도 지나는 이들의 시선에는 '당연한 게이'였을지 모른다.

퀴어축제를 준비하느라 바쁜 재경과의 약속 시간이 많이 남았다. 낙원동 골목을 구석구석 누볐다. 이 바닥에서 유명하다는 게이 바(bar) '프렌즈'가 눈에 띄었다. 바 입구에는 성 소수자를 상징하는 6색 무지개 깃발이 내걸렸다.

'여기서 시간을 때우자.'

막상 입구에서 문을 밀고 들어가기까지 제법 긴 시간과 적지 않은 용기가 필요했다. 세련된 느낌의 바에는 커플인 듯 앉은 남성들도 있고, 홀로 앉아 바텐더와 얘기 나누고 있는 이도 보였다. 나는 엉거주춤 홀로 테이블에 앉아 맥주를 홀짝이며 TV에 시선을 두었다. 무슨 얘기가 오가나 귀를 쫑긋 세운 채로. 옷 입는 스타일, 외모 등 일상의 시시콜콜한 얘기들이 음악 사이에서 간간이 들렸다.

혼자 앉아 있으면 누군가 말을 걸어올 거라는, 이 바닥을 좀 안다는 이의 귀띔을 떠올렸다. 접근해 온다면 무슨 말을 할 것인가. "나는 '일반'입니다." 하고 동성애자가 아님을 선언해야 할지, "일단 앉아 보세요." 하고 얘기를 이어 갈 것인지 홀로 앉아 머릿속이 바빴다. 그렇게 한 시간이 흐르는 동안 내게 건넨 누군가의 말은 바텐더의 "뭐 드실래요?"가 전부였다. 재경의 전화를 받고 바텐더에게 계산서를 내밀었더니, 바텐더가 상냥한 목소리로 말했다.

"누구 기다리는 줄 알았어요. 앞으로 혼자 오시면 테이블 말고 바에 앉으세요."

재경은 '친구사이' 운영위원들과 게이들의 원조 포장마차라는 '본드네'에서 막 뒤풀이를 시작하고 있었다. 몇 차례 건배를 하고 술을 털어 넣으며 조금 전 바에서의 멋쩍었던 이야기를 했다.

"얘, 잠바때기 입고 있으면 누가 말 붙이니?"

바람막이 점퍼를 입고 있던 나에게 쏟아지는 질타에 "그런 겁니까?" 하고 웃었다. 인상 좋은 원조포차 아주머니는 단골들에게 알아서 이런저런 안주를 가져다주었다. 잔이 부딪치고 많은 얘기들이 오

'퀴어'란 사전적으로는 '기묘한, 기분 나쁜'이란 뜻으로, 처음에는 동성애자를 비하하는 뜻으로 사용되었다. 지금은 단지 동성애자만이 아니라, 성과 젠더의 도식적인 분류에 저항하는 모든 이들을 뜻하는 단어로 사용되고 있다. 성 소수자들이 모여 자신들의 목소리를 내며 함께 문화행사를 여는 퀴어축제 역시 여전히 논란의 한가운데 있지만 차츰 자리를 잡아 가고 있다.

갔다. 누군가 퀴어축제 퍼레이드 차량에 부착할 캐치프레이즈 아이디어를 냈다.

"게당당, 어때? 게이가 당당해야 나라가 산다."

자리한 게이들이 배를 잡고 웃었다. 밤이 깊어 가고 '언니들의 수다'도 익어 갔다.

그건
선입견입니다

뭐든 처음이 두려운 법, 다음 날은 망설임 없이 '프렌즈'의 문을 열고 들어섰다. 이번엔 마님과 동행했다. 바의 사진도 한 컷 찍을 요량이었다. 이번에는 테이블 아닌 바에 앉았다. 마님이 저만큼 떨어진 테이블에 홀로 앉은 이와 눈인사를 나눴다. 그리고 자연스럽게 합석하게 됐다.

"여긴 스트레이트야."

마님이 나를 그렇게 소개했다.

"스트레이트가 여긴 왜?"

경계하듯 물어 왔다.

자초지종을 밝히고 그의 얘기에 귀를 기울였다.

"부친상을 치르고 마음이 울적해서 바에 왔어요. 얼마나 눈물이 나던지. 그렇게 울음이 나올지 몰랐어요. 아버지와 사이가 좋지 않았거든요. 아버지에게 커밍아웃을 못 했어요. 하늘나라에서 이제는 아시겠지요."

그는 쓸쓸한 표정을 지으며 잔을 들었다.

분위기가 무거워 화제를 돌렸다. 그는 어느 기업체에서 통역 일을 한다고 했다. 5개 국어가 가능하다는 그의 말에 "게이들은 섬세해서 그런 탁월한 능력이 있는 것 같아요." 했더니, 바로 "선입견이구요." 라며 말을 잘랐다. 게이들을 만나면서 "그건 선입견입니다."라는 말을 자주 들어야 했다. 행여 상처가 될까 말을 가려 한다고 했지만 참 어려웠다. 게이들을 만나며 머리에서 또 입 안에서 지우고 삼켜 버린 말들이 얼마나 많았던가. 이성애자들이 말하는 '게이는 OO인 것 같다'는 식의 문장은 웬만하면 편견에 기인한 것들이었다. 이성애자들의 특성을 쉽게 정의하지 않듯이 동성애자도 정의할 수 없을 정도로 다양한 개성의 소유자인 것이다. 게이를 이성애자와 다른 별난 존재로 치부하는 어떤 정의에도 재빠른 반응을 보이는 이유다.

주말 밤. '친구사이' 회원들이 한 달에 한 번 열리는 정기 모임을 가졌다. 이어지는 뒤풀이 자리에 나도 끼었다. 20명쯤 되는 게이들이 호프집 한 층을 가득 메운 채 시끌벅적했다. 연령층도 20대에서 40대까지 다양했다. 애인이나 동반자 얘기, 솔로의 외로움 등 사랑 얘기가 대세다. 장난기 가득한 40대 중반의 '왕언니'가 외쳤다.

"뭐 하니, 이년들아! 잔 들어."

목소리는 나긋하고 표정은 풍부하고 손짓은 다양했다. 왕언니는 귀 뒤로 머리카락을 쓸어 넘기며 말했다.

"강 기자님은 여기서 성 소수자네요. 호호호."

한바탕 웃음바다가 됐다.

왕언니 옆자리에서 술을 홀짝이던 한 남성은 대학원 박사 과정을 밟고 있다고 자신을 소개했다. 그는 취기가 올라 불콰한 얼굴로 소수자가 돼 버린 내게 성 소수자에 대한 대한민국 사회의 차별과 편견에 대해 성토했다.

"한국 사회에서 살아가기가 참 힘들어요…… 성 소수자가 장애인이거나 무슬림이거나 이주노동자일 경우 그 고통은 더 심할 거예요…… 어머, 제가 너무 말이 많죠. 초면에 실례네요."

그가 취기를 빌어 계속 핏대를 세우자, 왕언니가 나서서 정리했다.

"시끄러 이년아!"

"여기 둘이 사귄데요."

나란히 일어난 두 명의 게이에게 일제히 주목하며 박수를 보냈다. 통로를 지나가는 사람을 위해 자리를 비켜 준다며 일어났을 뿐인데 둘에게 즉각적으로 연애의 혐의를 덮어씌웠다. 당사자들의 적극적인 부인에도 불구하고 왕언니가 전체 건배를 제안했다. "자! 콩그레츄" 하고 선창하자 "레이션!" 하고 길게 뽑으며 자연스런 화음이 보태졌다. '커밍아웃'에 대한 축하 의미를 담은 '콩그레츄레이션'이 이들의 건배 구호였다.

국내 최초
게이 합창단

　　지보이스(G_Voice)는 국내 최초, 유일의 게이 합창단이다.
게이들의 삶에 자긍심을 불어넣기 위해 지난 2003년에 결성됐다. 이
들의 첫 거리 공연이 마로니에 공원에서 열렸다. 평소 정기·비정기
공연을 갖고 있지만 불특정 다수를 대상으로 한 공개된 거리 공연은
처음이다. 무대 뒤 얼굴을 가리지 않은 단원들의 민낯에 긴장과 설렘
이 동시에 어렸다. 망설임 끝에 용기 내 오르는 무대다. 커밍아웃을
한 사람도 그렇지 못한 이도 마찬가지다. 커밍아웃을 했다 해도 어디
까지나 주위 친구나 형제 등 일부 가까운 이들에게 털어놓은 것이다.
게이의 상징처럼 돼 있는 유명인 '홍석천'과 같이 사회적으로 완전히
커밍아웃을 한 이는 극소수다. 적어도 공연을 보는 이들에게는 "나는
게이입니다." 하고 새로운 커밍아웃을 하는 셈이다.

　　공연은 '아이다호데이(5월 17일), International Day Against Homo
phobia & transphobia' 즉, '국제성소수자혐오반대의 날'을 기념하기
위해 마련됐다. 1990년 5월 17일은 세계보건기구에서 동성애를 정신
질환 목록에서 삭제한 날이기도 하다. 영화 〈친구사이?〉의 김조광수
감독이 사회자로 나섰다. 20여 명의 게이들이 무대에 올랐다. 긴장한
표정들이다. 노래가 시작되면서 곧 자신감이 긴장을 대체했다. 끼를
드러내는 율동을 섞어 가며 노래는 이어졌다. 〈맘마미아〉 같은 기존
의 곡에 가사를 붙인 노래와 자작곡 등으로 구성됐다. 가사에는 게이

congratulations !

····· 산다는 것은 마음먹기 나름인 걸요
지나간 일들도 아픈 기억도 다 묻어 버리고.
····· 오늘이 후회되지 않도록 이 순간 속에 살아요
우린 더 행복해져야 해요
그래서 해야 할 일이 많아요
고난을 이겨 낸 당신을 위해
콩그레츄~레이션~

벽장문을 열어

혼자인 줄 알았네
벽장 속에서
절망인 줄 알았네
어둠 속에서.

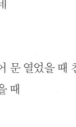

그러나 용기 내어 문 열었을 때 그가 내민
손잡고 나왔을 때

나는 깨달았네
혼자가 아니란 걸.

혼자인 줄 알았네
편견 속에서
절망인 줄 알았네
차별 속에서.

이제는 당당하게 맞서야 할 때
달라도 같은 세상 만들기 위해.

그러나 용기 내어 문 열었을 때 친구들의
손잡고 다시 섰을 때

나는 깨달았네
절망은 끝났다는 걸.

이제는 희망의 노래 불러야 할 때
달라서 더 행복한 삶 누리기 위해.

130

로 살아가는 아픈 현실과 이를 극복하려는 의지와 꿈을 담았다.

공연 사이에 김조광수 감독이 합창단 단장을 소개했다. 단장의 수
려한 외모에 관객들의 환호가 터졌다.

"이야, 참 잘생겼어요."

사회자가 분위기를 띄우자, 단장은 손을 살짝 볼에 갖다 대며 예쁜
척했다.

"미모로 단장이 됐어요."

"보수 기독교 등 종교계에서는 게이를 죄악시하죠?"

김조 감독이 단장에게 물었다.

"아버지가 목사님입니다."

단장은 손을 들어 "할렐루야"를 크게 외쳤다.

관객들의 폭소를 유발했다. 김조 감독이 매듭을 지었다.

"게이도 하나님이 만들었잖아요."

이어 합창단 단원이기도한 재경이 게이 인권운동 단체 대표 자격
으로 마이크를 잡았다. 이성애자들의 게이에 대한 편견을 꼬집었다.

"왜 저들은 동성애자가 됐을까, 라고 하지만 왜 나는 이성애자일
까, 고민하진 않잖아요. 과학과 종교의 논리로 게이의 인권을 무참하
게 짓밟아서는 안 됩니다."

톤이 높아진 목소리가 조금 떨렸다. 무대 뒤에서 종이쪽지를 보며
줄줄 외던 것이 저것이었구나. 김조 감독이 물었다.

"합창단 가입하려면 어떻게 하죠? 오디션을 보나요?"

"수영복 심사 있습니다."

이 말로 좌중을 흔든 재경은 이어서 덧붙였다.

"자신을 찾고 소통을 원하는 게이들은 언제든 오세요."

합창단은 모두 7곡의 노래를 불렀고 관객들은 환호로 답했다.

이날 마로니에 공원에 놀러 나온 어머니에게 우연히 공연하는 모습을 들켜 버린 게이가 있었다.

"어떡하니? 뭐라고 하시니?"

지보이스 단원들은 꼭 자신의 일처럼 걱정했다. 그러면서도 커밍아웃 하기 가장 어렵다는 대상인 어머니에게 뜻하지 않게, 그러나 자연스럽게 커밍아웃을 한 셈이니 한편에서는 "콩그레츄레이션"을 외쳐 주었다. 게이들에게 커밍아웃이라는 것은 해도 해도 끝이 없는 버거운 숙제. 한 번에 끝나는 것도 아니다. 새로 만나는 이 앞에서 또다시 커밍아웃에 대한 부담을 떠안아야 한다. 자신이 직접 커밍아웃할 때나 타인에 의해 밝혀질 때 관계 단절의 두려움은 큰 고통이라고 했다. 이 고통과 상처의 무게를 짊어져야 하는 것보다 차라리 감추고 살아가는 게 속 편하지 않을까. 그래서 물었다.

"왜 커밍아웃을 합니까?"

반사적으로 명료한 답이 돌아온다.

"행복하려구요."

더 이상 무슨 이유와 설명이 필요할까. 용기 내어 내민 그 손 따뜻하게 잡아 줄 수 없을까. "나는 게이다."라고 당당하게 밝히는 그대들.

"콩그레츄~레이~션~!"

Somewhere over the rainbow skies are blue

저기 어딘가 무지개 너머, 하늘은 파랗고

And the dreams that you dare to dream really do come true

그대가 진심으로 바랐던 꿈이 현실로 이루어지는 곳

무지개, 성 소수자의 상징이 되다.

"인간의 다양성을 존중한다.
우리는 아름다운 존재들이다.
혐오의 대상이 아니다."

2015년 6월 26일, 미국 연방 대법원
동성 결혼 합헌 결정.

백악관과
전세계 2,600만 명의
페이스북 사용자들,
자신의 프로필을 무지개색으로
물들이다

07

그저 그런 사장님,
나쁜 사장님,
좋은 사장님

여기 '사람' 있어요

'인간 사냥'

이주노동자에
대한
대대적인
단속을
지칭하는
단어 속에는

이주노동자에 대한
우리 사회의 시선이
그대로 드러난다

이주노동자로
산다는 것

"불법 체류 토끼몰이 여전. 출입국관리사무소 단속반 교회 난입⋯⋯ 피하던 이주노동자 중상"(《한겨레》, 2007. 11. 27.)

"단속반원, 달아나다 쓰러진 이주노동자 주먹으로 가격하고 발로 찼다"(《오마이뉴스》, 2010. 10. 21.)

"단속 피하던 베트남 출신 미등록 이주노동자 추락 사망"(《경향신문》, 2010. 10. 29.)

저물녘 경기도 포천의 공단 지대는 스산했다. 겨울 칼바람이 일정한 방향도 없이 온종일 불어 댔다. 차량 한 대가 지날 정도의 구불구불한 오르막길을 따라 크고 작은 공장들이 모여 있었다. 널찍한 터에 자리 잡은 번듯한 공장도 있지만 언덕을 따라 오를수록 허름하고 영세해 보이는 공장들이 대세를 이루고 있었다. 기계 도는 소리와 진동이 공장촌에 유난스럽게 부는 찬바람 속에 섞여 들었다. 인적 드물어 을씨년스러운 골목에서 이주노동자를 기다려 보았다. 누구든 사람이 지나가기만 해도 좋을 텐데. 공단의 주노동력이라는 이주노동자들의 모습은 좀처럼 눈에 띄지 않았다.

얼마 전, 미등록 이주노동자들에 대한 대대적인 단속이 이곳 공장 일대에도 거세게 휩쓸고 지나갔다. 동네 슈퍼 앞에서 또 골목에서 단속반의 불시 검문이 있었고, 몇몇 이주노동자는 그 자리에서 잡혀갔다. 단속 대상인 미등록 이주노동자를 고용한 일부 공장은 아예 문을 잠근 채 기계를 돌린다고 했다. 미등록 이주노동자의 이탈은 공장의 생산성과 직결되기에 단속 기간이면 공장주는 납작 엎드릴 수밖에 없다. 이주노동자들은 일손이 달리는 공장에서 외출할 엄두도 못 내는 데다, 흉흉한 단속 분위기에 공장에 딸린 숙소를 잘 벗어나지 않는다고 했다. 포천 공단은 잔뜩 움츠려 있었고, 이주노동자들은 그 공장 안에서 웅크리고 있었다.

일요일 오후, '포천 나눔의 집 이주민 지원센터'에서는 스리랑카 이주노동자들이 모여 새로운 고용 허가제에 대한 교육을 받고 있었다. 20여 명의 스리랑카 노동자들이 동그랗게 눈을 뜨고 지원센터 권오현 사무국장의 입을 바라봤다. 권 사무국장이 새로 바뀌는 이주노동자 고용제도에 대해 설명하면, 스리랑카 공동체를 이끌고 있는 자나카가 통역을 했다. 한국인 아내를 둔 자나카는 유창한 우리말을 구사했다.

"3년 체류 이후 재고용되면 2년 더 체류할 수 있어요. 3년 내 3번까지 이직이 가능합니다. 더는 안돼요."

최저 임금과 잔업 수당, 휴일 근무 수당 계산법에 대해서도 설명이 이어졌다. 노동자들은 익숙지 않은 '원(won)'으로 계산까지 하느라 머릿속이 복잡한 눈치들이다.

"사장님은 여러분의 잔업에 대해 반드시 수당을 지급해야 합니다."

반복되는 설명에도 불구하고 혼란스럽고 불안한 표정이 역력했다.

"인마!"
"새끼야!"
욕하는 직장
싫어요

138

교육이 끝나자, 다음 달 예정된 '세계 이주민의 날' 기념행사에서 선보일 역할극을 짰다. 일주일에 하루 쉬는 휴일이자, 같이 모일 수 있는 유일한 날이 일요일이라 모인 김에 연습까지 해치우자는 것이다. 역할극에서는 가구 공장, 원단 공장, 실 공장을 운영하는 각각 '그저 그런 사장님', '나쁜 사장님', '좋은 사장님'을 설정했다. 주고받는 대화 속에서 설정된 사장님의 특징을 드러내 보이는 역할극이다. 각본은 따로 없었다. 연습이 진행되자 저마다 한마디씩 대사를 보탰다. "인마!", "새끼야!" 여기저기서 외치는 욕도 첨가되었고, 손을 머리 위로 드는 위협적인 행동과 이마를 잔뜩 찌푸리는 표정도 추가되었다. "그래요.", "잘했어요." 따뜻한 말과 웃는 표정은 '착한' 사장님의 항목으로 더해졌다. 서툰 한국어에 어설픈 연기지만 연방 웃음을 유발했다. 대체로 그런 상황들에 대한 직간접 경험이 있는 듯 고개를 끄덕이며 만들어지는 즉흥적인 각본에 동의하고 있었다. 상처는 상처대로 고마움은 고마움대로 그렇게 웃으며 공유되고, 또 어루만져지고 있는 듯했다.

포천으로 오기 이틀 전, 이주민 지원센터 일을 하며 공장 사장들과도 친분이 있다는 자나카를 소개받아 전화 통화를 했다.

"공장에서 며칠간 머물면서 일도 하면서 이주노동자들의 생활을 사진으로 담는 게 가능한지 공장 사장님과의 연결 좀 부탁드릴게요."

부탁과 함께 취지를 설명했다.

"어렵지 않을 것 같아요."

자나카는 희망적인 답을 주었다. 하루 전, 자나카가 전화를 걸어

왔다.

"몇 군데 사장님들을 만나 설득을 해 봤는데 생각보다 쉽지 않아요."

소위 '좋은 사장님'으로 분류되는 분들이지만, 시기도 그렇고 어떤 식으로든 노출되는 것은 꺼리는 모양이었다. 이 중 설득을 위해 직접 통화한 공장주는 전화상으로 공장 운영상의 어려움을 절절하게 얘기했다.

"이주노동자들이 일과 한국어에 익숙해질 즈음이 되면 한국을 떠납니다. 불안에 떨며 미등록 이주노동자를 채용할 수밖에 없는 게 현실입니다. 이들을 고용했다가 단속에 걸리면 어려운 공장 형편에 벌금과 함께 제재를 받아야 합니다."

하소연을 길게 털어 놓았다.

"이해해 주세요. 공장에 머물면서 사진을 찍는 것은 안 되겠어요."

어떤 설득에도 입장을 이해해 달라는 말만 되돌아왔다. 결국 섭외에 실패했다.

"미안해요. 잘될 줄 알았는데……."

자나카는 풀 죽은 목소리로 말했다. 얼굴도 못 본 자나카라는 사람, 참 선한 사람이구나 싶었다.

"미안하긴요. 오히려 제가 미안합니다."

스리랑카 노동자들의
일요일

　　고용 관련 교육과 연극 연습을 끝낸 스리랑카 노동자들이 서둘러 공장으로 향했다. 일주일에 하루 쉬는 날을 이주센터에서 다 보낼 수는 없다는 듯 썰물처럼 빠져나갔다. 대부분의 이주노동자들은 공장 내 기숙사에 머문다. 휴일 날, 공장에는 이주노동자만 있다고 했다. 기숙사를 맘 편히 찾기에는 이날이 가장 적절해 보였다. 역시 마음씨 고운 자나카가 안내했다. 자나카는 낡은 봉고를 몰아 밤길을 달렸다. 논밭을 가로지르고 비슷비슷한 골목을 몇 차례 꺾어 들었다. 어둠이 내린 휴일 공장 지대는 자동차 라이트가 비추는 고만큼만 보였다. 캄캄한 가구공장 정문에 누군가 어른거리더니 빗장을 열어 주었다. 낮에 센터에서 본 이주노동자다. 공장 건물을 끼고 뒤로 돌아가니, 컨테이너 박스를 개조한 기숙사가 나왔다. 8명의 스리랑카 노동자들이 함께 살고 있었다. 부엌이 있고 안쪽으로 서너 개의 방이 딸렸다. 센터에서 오는 길에 시장을 들렀는지, 다듬지 않은 식재료가 비닐봉지에 가득했다. 가스레인지 위 냄비에는 옥수수를 주재료로 만든 죽이 반쯤 남았다. 생선과 김치를 조린 찌개가 또 한 냄비다. 저녁 식사를 이미 마쳤다고 했으니, 남은 음식은 다음 날 아침용인 모양이다. 건장한 8명의 젊은이들이 각자의 스타일대로 휴식을 취하고 있었다. 평소 새벽 한두 시까지 잔업이 이어지는 경우가 잦다고 하니, 일요일의 휴식은 그야말로 꿀맛일 터이다. 고국의 여자 친구와 화상 채팅을 하고, 스리랑카 드라마를 보고, 자국 인터넷 신문을 꼼꼼히 읽고, 일부는 모여 앉아 스리랑카 가요 프로그램을 시청하며 수다를 떨었다.

이 공장의 스리랑카인들은 대부분이 한국에서 3년 일하고 재고용된 뒤, 본국으로 돌아가 한 달 머물고 다시 입국해 3년을 더 머물 수 있는 자격을 가지고 있었다. 합법적인 상태에서 일을 하고 있는 것이다. 체류 기간뿐 아니라 이직 횟수, 구직 기한 등 여러 가지 이유로 미등록 신분, 즉 불법의 신분이 될 수 있다. 고용 허가제와 단속에 대한 생각을 물었다. 실바(32)가 동료들을 슬쩍 쳐다본 뒤 답했다.

"새로 적용되는 5년이라는 기간은 너무 짧은 것 같아요. 한국 정부의 단속 얘기를 들었어요. 나는 부지런히 돈을 모아서 서러움을 당하기 전에 제때 돌아갈 거예요. 한국에 나오려고 많은 사람들이 줄서서 기다리고 있고, 그 사람들에게도 기회를 줘야 해요."

격앙된 말들이 나올 것으로 기대했더니, 모범 답안이었다. 나는 내가 듣고 싶은 '쎈' 말들을 기대하고 그런 말들을 유도하려고 했었다. 곧 욕심을 버렸다.

"다들 비슷한 생각이세요?"

모두 고개를 끄덕였다. 한국인에게 그것도 오늘 처음 만난 기자에게 "들인 돈이 얼만데, 불법의 신세가 되더라도 끝까지 버티며 벌어 보겠다."고 말할 이는 없을 것이다.

한국 생활에 가장 적응이 힘든 것을 물었다.

"언어와 음식이 가장 힘들었고 여전히 힘들어요."

모두 입을 모았다. 야근까지 이어지는 빡빡한 생활이 공장 내에서 대부분 이뤄지다 보니 한국의 언어와 음식 문화에 대한 적응은 더딜 수밖에 없어 보였다. 한국인 관리자와 나누는 간단한 대화 외에는 모두 자국어로 소통하고, 하루 세 끼도 퓨전 형식을 띨지언정 스리랑카 식으로 기숙사에서 해결했다. 자국인들끼리 모여 한 공장에서 일하려 하는 것은 외로움을 덜고 서로 의지하기 위함이다. 그래서인지 한국어 습득에도 한계가 있었다. 한국 생활 4년째라는 이도 간단한 우리말 대화가 되질 않았다. 음식 얘기가 이어졌다.

"한국 식당에는 메뉴가 너무 많아요. 그중에 삼겹살과 김치찌개만은 먹을 만해요."

몇몇이 고개를 끄덕였다. 아마도 한국 음식을 먼저 접했던 선배 노동자에게 메뉴 선택 및 추천권이 주어졌을 테고, 이들 역시 한국 생활의 선배들이 그랬듯 삼겹살과 김치찌개를 시켰을 것이다. 두 음식은 빼곡한 메뉴판 좌우에 맨 위쪽을 주로 장식하고 있는 음식이다. 한국 음식에 대한 입맛도 인수인계되고 있었던 것이다.

이날 밤, 두 곳의 가구 공장 기숙사에서 이주노동자들을 만났다. '내가 불쑥 꺼냈던 단속이라는 말이 이들을 위협하고 불안하게 할 수도 있겠구나' 생각했다. 그저 사는 얘기를 듣는 것이 옳았다. 이들의 사는 이야기를 듣고 생활을 살짝 엿보는 것에 만족하기로 했다. 통역으로 말이 오가는 과정에서 그 뉘앙스가 사라지거나 의도가 잘못 전달되기도 하는 모양이었다. 오히려 눈빛이 실제의 말보다 더 구체적이고 진실한 표현을 담고 있다는 느낌이었다. 가까이에서 보고 대화하다 보니 금세 친근해졌다. 하루하루 열심히 살아가는 잘나지도 못

나지도 않은 그저 우리의 이웃이었다. '다르지 않다'고 새삼 깨닫는 순간이 아이러니하게도 '같지 않다'는 내 안의 선입견을 확인하는 순간이기도 했다. 백지 상태에서 보고 들은 것을 기록하리라는 결심과 상관없이 내 안의 편견들이 작용하고 있었던 것을 인정해야 했다. 이 경험을 통해 내 안의 선입견을 지우는 계기가 되기를 바랐다. 밤이 깊어 기숙사를 나서자 모두 나와 미소 가득한 얼굴로 배웅해 주었다. 나는 답례로 멋진 포즈를 부탁한 뒤 기념사진을 찍어 주었다. 나 홀로 한국인이라는 이유로 기숙사를 방문하기 전, '나의 안전'을 잠시 걱정했었다. 더 없이 착한 사람들 앞에서 민망하고 부끄러웠다.

고된 노동을
견디게 하는 힘

밤이 깊었다. 권 사무국장이 따로 숙소를 잡지 않았으면 센터에서 운영하는 쉼터에서 지내지 않겠냐며 제안했다.

"쉼터는 이직을 준비하는 이주노동자들이 임시로 머무는 곳이에요. 거기서 이주노동자들과 얘기도 나누면 좋을 것 같은데. 불편하지만 않다면요."

불편해 잠을 이룰 수 없다 해도 다시 오지 않을 기회라 고민할 것이 없었다. 센터에서 차로 10여 분 거리에 있는 쉼터에 들어서자, 이미 전해 들은 것인지 두 명의 이주노동자들이 나를 반겨 주었다.

반다라(38)는 생후 10개월 된 딸아이 사진을 바라보며 배시시 웃다가 손으로 사진을 쓰다듬기를 되풀이했다. 한국에 나오기 전 아내의 배가 불렀으니, 직접 아이를 안아 본 적이 없다. 그의 큼직한 눈에 딸에 대한 아빠의 깊은 사랑이 고여 들었다. 스리랑카에서 간호사 생활을 하던 그는 가족, 특히 암에 걸린 누나의 치료비를 위해 한국행을 택했다. 그의 어깨에는 일가족의 삶이 얹혀 있었다. 이직을 준비하는 반다라는 직접 공장을 찾아가거나 휴대전화로 그곳에서 일하는 같은 스리랑카인을 통해 공장의 분위기를 꼼꼼하게 알아봤다. 일의 종류, 환경, 임금, 잔업의 정도를 물었다. 반다라에게는 급여 수준도 중요하지만 인간적인 대우를 받으며 일할 수 있는 공장을 찾는 것이 더 중요했다. 그의 경험에서 비롯한 것이다.

"욕하는 직장 싫어요. 새벽까지 일해서 몸이 힘든 것은 참을 수 있어요. 그 정도는 각오하고 왔으니까요. 그런데 욕까지 들으면 너무 힘들어요."

전에 일하던 원단 공장의 경험을 얘기하며 금세 씁쓸하고 슬픈 표정이다.

"어떤 사장님은 다른 회사로 도망가지 못하게 여권을 돌려주지도 않아요."

임금을 떼어먹고 폭행을 일삼는 등 소위 '나쁜 사장님'의 행태를 기사를 통해 봐 왔었다. 이주노동자의 입을 통한 생생한 증언을 듣자니, 미안하고 부끄러워 이불이라도 덮어쓰고 싶었다. 나를 바라보는 그의 눈은 한국인인 나를 원망하고 있는 것 같았다. 하루하루가 금쪽같은 시간인데, 반다라는 직장을 찾느라 쉼터에서 꼬박 2주 동안 머물렀다. 사람에게 받은 상처의 경험은 이직을 준비하며 신중에 신중을 기하게 하는 모양이다. 반다라는 불안과 조바심 속에 결국 이런저런 조건이 맞는 직장을 구했다.

"충청도에 있는 가방 공장으로 가게 됐어요."

만족스러워했다. 작별 인사하며 잡은 그의 손이 거칠었다.

반다라와 2주간 쉼터 룸메이트였던 아사디 푸트란토(24)는 인도네시아에서 온 지 5개월 된 청년이다. 반다라와는 달리 한국어를 전혀 하지 못한다.

"네, 아니요, 안녕하세요, 고맙습니다, 사장님, 빨리빨리"를 단숨에 얘기했다. 자기가 아는 한국말의 전부라는 것을 서둘러 그렇게 표현했다. 그중에 '빨리빨리'가 가장 정확하고 자연스럽게 들렸다. 가급적 쉬운 단어와 손짓, 표정, 영어까지 동원해 물으면 그냥 '씨익' 하고 웃을 뿐 대화는 어려웠다.

이전에 일한 컵 공장에서는 시너 등 화학약품 냄새 때문에 속에 탈이 났다는 내용의 얘기를 손짓, 발짓의 노고와 반다라의 도움 끝에 짜 맞추어 이해했다. 그는 잠들기 전, 쪼그리고 앉아 한국 생활에 대한 안내 책자를 읽었다. 이주민을 위해 제작된 책이다. 한글과 인도네시아어로 병기돼 있었다. 푸트란토의 두 눈은 '한국인의 사고와 정서'를 설명한 페이지에 한참 머물렀다. 포천에서 일자리를 구하던 푸트란토도 친구의 소개로 부산에 있는 한 공장에서 일하게 됐다며 쉼터를 떠나갔다.

반다라가 일자리를 구해 떠나가기 이틀 전, 자나카가 반다라의 구직을 위해 직접 차를 몰고 서너 곳의 공장을 둘러보았다. 나도 반다라의 구직에 따라 나섰다. 공장을 돌던 중, 사람 좋아 보이는 창틀 공장 사장님에게 공장 이주노동자들의 생활을 반나절만 지켜보게 해 달라고 부탁했다.

"언제든지 오세요."

사장님은 쿨하게 승낙했다. 설사 인사치레의 빈말이었을지라도 나는 말 그대로 받아들일 수밖에 없었다. 반다라가 쉼터를 떠난 날, 나 혼자 다시 창틀 공장을 찾았다.

이날은 포천 일대 기온이 영하 10도까지 내려갔다. 대부분 더운 나라에서 온 이주노동자들에게 추위는 또 하나의 큰 장애물이었다. 대형 난로가 열기를 내뿜어 보지만 휑하리만큼 넓은 공장을 채우기는 역부족이다. 마스크로 입을 가리고 두꺼운 털모자를 눌러쓴 노동자들이 코를 훌쩍이며 창틀에 방충용 철망을 끼워 넣었다. 정교한 기술이 필요해 보이지는 않았지만 손놀림이 꽤 숙련돼 있었다. 오전 8시 30분에 작업을 시작해 잔업까지 마치면 밤 10시가 다 돼 끝난다고 했다. 한국말을 가장 잘한다는 라제인드라(36)는 한국에 온 지 2년 9개월 됐다고 했다.

"힘들지 않아요?"

"힘들지 않아요."

유난히 하얀 치아를 드러내며 웃었다.

"아이가 있어요?"

"2개 있어요."

"보고 싶겠어요."

"네."

짧게 말을 맺었다. 더 물을 말을 찾지 못한 채 그가 일하는 모습을 지켜보는 동안 제법 긴 침묵이 흘렀다. 라제인드라는 자재를 가지러 창고로 향했다. 자재를 어깨에 짊어지고 돌아온 라제인드라가 작업장 문 앞에 서 있던 나에게 할 말이 있는 듯 엉거주춤 섰다. 입 주변이 심하게 실룩거렸다. 마치 떨고 있는 것처럼. 많이 춥긴 추운가 보다. 젖은 목소리가 겨우 밀려 올라왔다.

"너무 보고 싶어요."

말끝이 심하게 흔들렸다. 큰 눈망울에 금세 눈물이 그렁그렁 맺혔다. 가족에 대한 그리움과 이국 생활의 외로움이 뺨을 타고 흘렀다. 조금 전, 보고 싶지 않으냐는 물음을 계속 곱씹고 있었던 모양이다. 동료들 앞에서 가까스로 참아 냈던 눈물이 자재 창고로 향하며 북받쳤던 것이다. 낯선 추위와 고된 노동을 견디게 하는 것은 생각만으로 눈물을 부르는 바로 '가족'이었다.

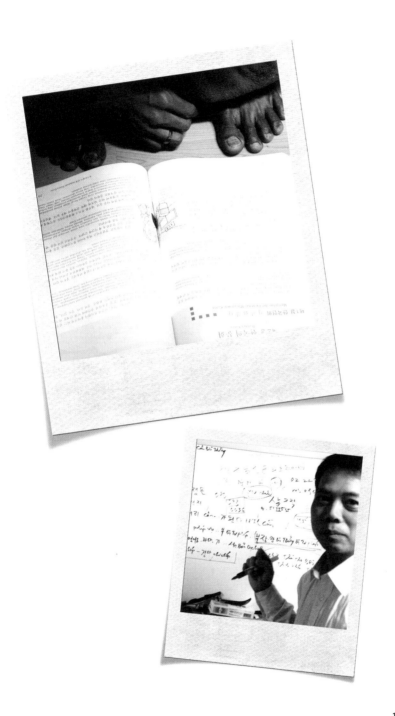

여기, 사람
있어요

　　다음 날, 섬유 기계를 만드는 포천의 또 다른 공장을 찾았다. 작은 가로등이 공장의 형체만 겨우 드러내 주었다. 논밭 너머 멀리 네온사인 불빛들이 보였다. 공장의 문을 밀자 기다리고 있던 기엔 (37)이 반겼다. 공장 일이 끝난 밤 시간, 공장에 남아 있는 유일한 사람이었다. 가파르고 녹이 슨 철제 계단을 올라 성인 남자의 어깨 폭도 안 되는 공간을 게걸음으로 몇 발작 움직여 낡은 컨테이너 안으로 들어섰다. 한 평쯤 되는 방에서 기엔은 PC를 켜 놓고 한글 공부를 하고 있었다. 거울 옆에 걸린 화이트보드에는 '어쨌든', '어쩐지', '법무', '배상' 등 수준 있는 한글 단어를 써 놓았고, 나란히 베트남어로 설명을 적어 넣었다. 지난 1997년에 입국해 한국에 머물고 있는 기엔은 단속 대상인 미등록 이주노동자였다. 담담하게 웃는 얼굴에는 그늘이 짙었다.

　"최근에 단속으로 동료들이 잡혀가기도 하고 일부는 도망을 쳤어요. 출입국 사무소에 잡혀서 울며 전화해 도움을 청하는 친구도 있었어요."

　기술이 좋고 한국 문화에 익숙한 기엔은 사장의 부탁으로 4년 넘게 이 공장에서 일하고 있다고 했다.

　"어머니가 돌아가셨을 때도 고향인 베트남에 가 보지 못했어요."

　한국에서 살아온 세월만큼 사연을 간직하고 있을 테지만 기엔의 다른 일정으로 오래 얘기할 수 없었다. 짧은 만남이라 아쉬웠지만 기엔의 한국에 대한 애정을 느끼기에는 충분한 시간이었다. 불법의 굴레에서 자유의 봄이 될지, 아니면 단속의 그물을 피하지 못해 추방을 당할지 알 수 없는 그의 미래지만, 기엔은 '바로 오늘'을 열심히 살아가고 있는 이주노동자였다.

"능력 있는 사람, 자격증이나 기술이 있는 사람은 기회를 줬으면……."

기엔은 말 뒤를 흐렸다.

컨테이너 숙소를 나서면서 기엔의 웃음 뒤에 드리워진 그림자가 자꾸 밟혔다. 국내에는 20만 명 정도의(2014년 기준) 미등록 이주노동자들이 체류하고 있다. 이들에 대한 대대적인 단속에는 이주노동자에 대한 우리 사회의 시선이 그대로 드러난다. 단속반은 신분증 패용 없이 무작정 들이닥쳐 끌고 가고, 폭력 행사도 서슴지 않는다. 아주 값싼 물건 다루 듯한다. '인간 사냥'이라는 섬뜩한 단어가 집중 단속이라는 단어를 대신하기도 한다.

포천에서 만난 이주노동자들은 우리나라 젊은이들이 기피하는 소위 '3D 업종'에 종사하고 있었다. 밤늦도록 이어지는 고단한 잔업도 마다하지 않는다. 이들은 바다 건너 저 먼 어느 곳에서 남루한 삶을 살아가는 누군가의 소중한 아들이요, 사랑스런 남편이요, 자랑스러운 아빠다. 힘들어도 이를 악물고 웃으며 버티는 이유다. 우리와 다르지 않다.

'파퀴벌레'
'짜장'
'쓰레기'

'파퀴벌레'는 파키스탄 사람을, '짜장'은 중국
동포를, '쓰레기'는 동남아 국적의 외국인 전체를
지칭한다.
이른바 외국인혐오현상인
'제노포비아(Xenophobia)'가 만든 신조어들.

외국인을 혐오하는 이들은 값싼 노동력으로 무장한
외국인 노동자들이 한국 서민 경제를 파탄시켰다고
믿는다. 정말 그럴까?

외국인 노동자 대부분은 우리나라 젊은이들이
기피하는, 하지만 누군가는 해야 할 소위 3D업종에
종사한다. 이들에 대한 혐오는 '근거 있는'
혐오라기보다 경제난에 일자리를 구하지 못한
현지인들이 그 원인을 외국인에게 돌리며 분노를
표출하는 이른바 '수평적 폭력'에 가깝다. 경제난의
주범은 외국인이 아니라 사회 시스템, 즉 구조에서
기인할 때가 훨씬 많다.

다문화를 얘기하며 피부색을 따지고, 인권을 얘기하며 무자비한 '인간 사냥'에 나서는 우리 안의 위선과 편견이 민망하다.

"여기 '사람' 있어요."

08

'놀이'가 사라진
교실이 문제야

시골분교에서 보낸 36시간

속도감은 전혀
느껴지지 않았다

수업은 진도가
아니라 아이들에게
맞춰져 있었다

수업에는 딴짓하는 아이도,
소외되는 아이도 없다

이 정도면
이상적인 수업이
아닌가

대한민국에서 '산골 분교'를 다닌다는 것

　　　　새 학기가 시작되는 3월이 오면, 강원도 어딘가 산골 분교를 취재해 지면에 실어야겠다고 일찌감치 마음먹었다. 가슴에 담고 있는 한 장의 사진 때문이다. 강재훈 사진가의 사진집 《들꽃 피는 학교, 분교》에서 본 사진이었다. 운동장 작은 조회대 위 선생님과 그 아래에 선 학생. 차렷 자세로 선생님을 바라보며 맑은 미소를 머금은 여자아이. 폐교의 위기에 내몰린 분교의 현실에서 이 한 장의 사진은 많은 얘기를 전해 왔다. 시선을 쉽게 거두지 못한 채 가슴이 먹먹해졌다. 사진을 본 지 꽤 오랜 시간이 지났지만, 마음 한켠에 간직하고 있었던 것이다. 교육에 목숨 거는 대한민국에서 산골 분교는 어떤 모습일까.

　　강원도 교육청으로부터 도내에 있는 초등학교 중 신입생이 입학하지 않은 23곳의 학교 자료를 받았다. 대다수가 분교였다. 무작위로 너덧 곳의 분교에 전화를 걸었다. 긴 얘기로 설득했지만 돌아온 답은 NO. 새로 부임해 정신없이 바쁘다, 통합 문제 등으로 민감하다, 아이들이 예민해 있다 등등의 이유였다. 몇 번의 거절 끝에 또 다른 학교에 전화를 걸었고, 교무실 전화의 긴 신호 끝에 자동 응답기가 연결됐다.

　　'안 되겠구나.'

　　간단한 메시지를 남겼지만 기대하지 않았다. 한 20분쯤 흘렀을까.

강원 인제초등학교 가리산 분교의 지원 업무를 맡아 보는 주무관에게 전화가 걸려 왔다. 강원도 사투리가 섞인 상냥한 목소리. '회망'을 감지했다. 간절함으로 설명했다. 수업 중이라 통화가 안 되는 교사에게 대신 잘 전달해 줄 것을 거듭 부탁했다. 불과 두어 시간이 지났을 테지만 훨씬 더 길게 느껴지는 초조한 기다림 끝에 교사의 연락을 받았다. 교사는 긍정적으로 취지를 받아들였고, 다음 날 본교 학교장에게 보고한 뒤 최종 승낙을 해 주었다.

시간의 속도가 비껴간
인제 초등학교 가리산 분교

　　　그 주 일요일, 주말을 집에서 보내고 돌아오는 오세황 교사를 강원 인제 버스터미널에서 만났다. 전화상으로 듣던 차분한 음성과 사려 깊은 말들로 그의 모습을 그렸었다. 30대 초반으로 예상했으나 그보단 많아 보였고 선한 인상은 예상대로였다. 오 교사의 차를 얻어 타고 가리산 분교로 향하는 길. 섭외가 잘되지 않았다는 고백과 함께 어떻게 믿고 교장 선생님 동의까지 받았느냐고 했다.

"경향신문은 무례하지 않은 것 같아요."

오 교사가 말했다. 더 묻지 않았다. 기사의 예의를 말하는 것이다. 언론에 대한 신뢰가 땅에 떨어져 이제 지하로 파고드는 시대에 이런 믿음을 주다니. 그의 말은 감격이면서 부담이었다.

"여기는 시간의 속도가 다른 곳입니다."

교사는 가만히 말했다. 이곳에 왔으니 도시의 속도감을 내려놓고 여기 시간에 마음과 몸을 맡기라는 말로 새겼다.

인제 읍내에서 30분쯤 구불구불 고갯길을 돌아 도착한 학교는 낯설지 않았다. 지난 2006년 강원도 인제에 물난리가 났을 때 고립됐던 곳이라는 선생님의 설명에 무릎을 쳤다. 그해 말, 기획 사진을 찍기 위해 이 일대를 헤집고 다니면서 취재 차를 잠깐 대기도 했던 학교였다. '이렇게 다시 오게 되다니……'

반갑고 놀라웠다. 이 정도면 우연을 넘어 필연이라 할 수 있지 않나. 섭외가 줄줄이 실패하고 나머지 학교 중 유독 이 학교가 눈에 띈 것은 다 이유가 있었던 것이다.

학교 뒷마당에는 개 두 마리가 목줄이 엉킨 채 낑낑대고 있었다. 교사가 줄을 풀어 주자 개들이 그와 내게 번갈아가며 엉겨 붙었다. 학교 내 교직원 관사 오 교사의 앞 방에 짐을 풀었다. 마당에 나와 서먹함을 서둘러 풀어 볼 요량으로 오 교사에게 질문들을 두서없이 던졌다. 얘기 중 오 교사는 길 건너 밭에 일 보러 온 마을 주민을 향해 "형" 하고 살갑게 불렀다. 이 학교 주무관으로 일하기도 했던 분이란다. 이내 학교 뒷마당으로 온 그는 개 줄이 엉키지 않도록 봐준 뒤 차량에 올랐다.

"닭 삶으니까 저녁에 내려와. 같이."

나까지 초대받은 것이다. 해가 넘어갈 무렵, 오 교사와 걸어서 마을

초등 학부모 95퍼센트
"자녀 사교육 한다."

서울 모 초등학교 한 학급을 대상으로
번아웃증후군(한 가지 일에 지나치게 몰두하다가 어느 순간
자신이 하던 일에 대해 회의를 느끼고 무기력감에 빠져 더 이상
일을 할 수 없게 되는 상태) 지수를 측정한 결과, 23명의
초등학생 중 3명이 번아웃증후군 환자에 버금가는
스트레스 수치를 보였고 14명은 직장 경력 16년
정도의 스트레스를 가지고 있는 것으로 나타났다.
_KBS2 〈추적 60분〉 제작팀

2011년 우리나라는 UN아동권리위원회로부터
'아동의 놀 권리 침해'에 대한 권고를 받은 적이
있다. UN은 우리나라 아이들의 놀 권리를
침해하는 주요 원인으로 사교육을 지목했고
대학 불평등, 대입 시스템 등 공교육 개선 노력을
권고했다.
4년이 지난 지금, 여전히 달라진 건 없다.

95%

로 내려갔다. 물난리 피해 이후 새로 조성된 마을이었다.

먹음직스럽게 삶은 닭과 약재까지 넣은 닭곰탕, 온갖 산나물들이 밥상에 올라왔다. 맥주잔 가득 채운 소주가 돌았다. 산골의 귀한 선생님 덕에 덩달아 호강하는구나. 대체로 침묵 속에 닭을 뜯으면서 무슨 얘기라도 해서 자리를 좀 즐겁게 해야 밥값을 하는 것 아닌가 하는 강박이 일었다. 교사와 기자와 농민이 앉아 공통된 화제를 찾아내기가 쉽지는 않았다. 그것도 초면에. 나만 없었다면 화기애애할 수도 있는 저녁이었을 텐데. 자리는 길어지지 못했다.

칠흑의 밤에 달만 밝은 고갯길을 오 교사와 되돌아오며 얘기꽃을 피웠다. 적당한 취기가 도움이 됐다. 처음 본 날 자신의 얘기를 털어놓는 건 쉽지 않은 일이다. 오 교사는 어릴 적 음악으로 꽤 돈을 벌었지만 더 의미 있는 삶을 위해 늦은 나이에 교육대학에 진학했다고 했다. 나도 어떻게 이 자리에 있게 됐는지 그만큼의 내 얘기를 했던 것 같다. 산골에는 이미 깊은 밤이지만 같은 시간을 낮과 같이 보내는 도시인에 대한 배려일까. 오 교사는 맥주 한잔 더 하겠냐고 물었다. 관사 방에 마주 앉아 고갯길의 대화를 이어 갔다. 막상 섭외가 되고 나니, 이제 '그림이 될까, 또 어떤 얘기로 풀어갈까?'를 다시 고민하는 내게 오 교사는 가만히 말을 건네 왔다.

"여기 있는 동안 아이들의 친구가 되어 주세요."

내 속이 들켜버린 듯 화끈거렸다. 나는 목적을 가지고 왔고 그것이 여의치 않을 때 내가 갖는 조바심이 아이들에게 친구가 되어 줄 마음의 공간을 허락할 수 있을까. 나의 말과 행동이 아이들에게 혹은 교사

에게 상처를 주지 않을까. '당신도 별 수 없는 기자군요.'라는 선생님
의 말이 환청으로 들렸다.

나의 질문에 답으로 돌아오는 오 교사의 교육에 대한 고민과 생각
의 깊이에 압도당하면서 눈꺼풀이 서서히 내려왔다. 간혹 마당에서
개들이 낑낑댔지만 완전한 어둠과 고요함 속에서 깊은 잠을 잤다.

놀이 안에
공부가 있다

오세황 선생님은 등교 시간이 다가오자 학교 밖으로 나가
서 아이들을 기다렸다. 선생님 옆에서 함께 아이들을 기다렸다. 어떤
아이들일까 참 궁금했다. 저 멀리서 아빠 손을 잡은 세욱이가 보였다.
올해 3학년이 된 아이다. 학교 인근 다리까지 와서 이번엔 선생님 손
으로 바꿔 잡았다.

"선생님, 누렁이(학교 뒤뜰에서 키우는 개)가 (집에서 키우는) 수탉 꽁지를
다 물어뜯었어요."

세욱이는 전날 있었던 일들을 미주알고주알 선생님 앞에 풀어 놓
았다. 먼저 등교한 세욱이는 선생님 옆에 붙어 서서 함께 같은 반 친
구를 기다렸다. 선빈이가 아빠의 포터 트럭에서 서둘러 내렸다. 선생
님과 내게 인사를 한 뒤 뒤뜰로 가더니 누렁이를 한참 쓰다듬었다. 해
맑게 웃으며 다시 다가와 선생님 손을 꼭 붙잡았다.

선생님은 아이들의 손을 하나씩 쥐고 도란도란 얘기를 주고받으며 교실로 걸음을 옮겼다. 더 아이들을 기다리지 않았다. 세욱이와 선빈이가 전교생이다. 오 교사는 이 학교 유일한 선생님이다. 산골 학교의 한 주는 평온하게 시작됐다.

교실 가운데에 널찍한 탁자 하나가 놓여 있었다. 선생님은 아이들과 같이 앉았다. 첫 시간은 수학. 선생님은 세 자릿수 뺄셈을 아이들이 스스로 풀 때까지 바로 옆에서 지켜봤다. 아이들은 뺄셈을 어려워했다. 도시의 초등학교 3학년 교실에서는 상당수 아이들이 쉽게 풀었을 문제일지도 모른다. 선행 학습을 하지 않는 아이들에게 세 자리 뺄셈이 까다로운 것은 자연스러워 보였다. 기다려 주던 선생님은 한참만에 교탁으로 나가 수식을 써서 설명했다. 그리고 다시 들어와 아이들 옆에 앉았다. 선생님의 자리는 교탁이 아니라 아이들 곁이었다. 수업에서 속도감은 전혀 느껴지지 않았다. 수업은 진도가 아니라 아이들에게 맞춰져 있었다. 수업에는 딴짓하는 아이도, 소외되는 아이도 없다. 이 정도면 이상적인 수업이 아닌가.

음악 시간이 이어졌다. 아이들은 장구의 가죽을 밀어 줄을 조이면 달라지는 소리를 신기해했다.

"쿵~더 쿵덕."

선생님의 장단을 아이들이 따라 했다.

"쿵~더 쿵덕."

장단에 아이들의 천진난만한 웃음이 녹아들었다. 아이들의 표정을 담기 위해 파인더를 주시하는데 회사에서 전화가 걸려 왔다.

"취재 계획서 안 올려놓고 갔냐?"

선배의 목소리다. 슬쩍 음악실에서 빠져나와 방에 엎드린 채 간단하게 계획서를 써 보냈다. 그 자세 그대로 베개에 얼굴을 묻고 누워 주위의 고요함과 편안함에 젖어 들었다. 그냥 그 나른함에 빠져들고 싶었다. 나름 일을 하는 업무 시간이지만 누구에게도 방해받지 않는 온전한 나만의 시간이기도 했다. 산골이라는 지극히 평화로운 공간에서 오는 낯선 행복감에 나를 풀어 놓았다. 눈을 감은 채 한 10분쯤 지났을까. 선생님이 나를 찾는다. 음악 시간이 끝나려면 아직 시간이 많이 남았다고 생각했는데 교사와 학생들이 이미 교실을 나서고 있었다. 이날 오전 내내 수업 시작과 끝을 알리는 종소리를 들은 기억이 없다는 것을 그제야 깨달았다.

겨울을 밀어내는 포근한 바람이 간질이자 아이들이 먼저 밖으로 나가자고 조른 모양이다. 계획되지 않은 야외 수업이다. 손에 책은 없었다. 완만한 산길을 천천히 걸었다. 초록으로 올라오는 새순을 만져 보고 주위로 날아든 나비를 소리치며 반겼다. 세욱이는 개울가에서 겨울잠을 깬 개구리를 덥석 움켜쥐고 있다가 다시 놓아주었다. 신이 난 아이들은 다가오는 봄을 오감으로 느꼈다. 산골 아이들의 특권이었다. 교사는 학교 주변의 환경을 수업에 적극적으로 끌어들였다.

해발이 높고 산으로 온통 둘러싸인 학교의 실내는 바깥보다 오히려 싸늘했다. 점심 시간을 이용해 학교 앞 개울에 송사리를 잡으러 갔다 온 선빈이와 세욱이가 뛰어 들어와 교실 한쪽 구석에 깔려 있는 전기장판으로 파고들었다. 선생님도 자연스럽게 아이들과 이불을 덮은 채 벽에 기대앉았다. 말하자면 교실의 아랫목이다. 그 자리에서 국어 수업이 시작됐다. 선빈이, 세욱이, 선생님이 차례로 한 페이지씩 읽어가다 중간 중간에 선생님이 질문했고 아이들이 답했다. 이야기를 나누기에 이보다 아늑하고 멋스런 분위기가 있을까. 이 모습을 사진에 담는 나를 아이들이 가끔 쳐다봤다.

"공부해. 집중해."

나는 입 모양으로 말했다. 아이들은 카메라 든 아저씨만 빼놓고 자기들만 따뜻한 장판에 앉아 있는 것이 영 마음에 걸렸던 모양이다.

"아저씨, 이리 들어오세요."

결국 아이들의 수업 집중을 위해 나도 전기장판 속으로 들어갔다. 수업 중 간식으로 바나나가 나왔다.

"이거 드세요."

내게 먼저 내밀었다. 선빈이와 세욱이가 수업 중에 내게 말을 걸어 올 때마다 선생님께 미안했지만, 아이들에게 나는 챙겨야 할 손님이었던 것이다.

"아저씨, 집에 좀 데려다주세요."

마지막 수업이 끝나자 세욱이가 내 손을 잡으며 말했다. 평소에는 선생님이 집까지 바래다주곤 했다. 이날은 내게 특별한 기회를 준 것이다. 잔뜩 부푼 표정을 하고 내 손을 끌었다. 걸어서 세욱이네로 가는 길 옆 언덕에 흑염소 한 무리가 보였다.

"아저씨, 저 염소 우리 집 염소다요."

아이는 신이 났다.

"우리 집에 닭도 있고 개도 있다요."

'다요'라는 말을 듣고 피식 웃었다. 경어의 개념이 모호한 내 딸아이도 고맘때 들떠서 얘기할 때는 그렇게 말했다. 개 짖는 소리와 구구대는 닭소리가 들려왔고, 인근 군부대에서 주민의 가축을 먹이기 위해 가져왔을 '잔반' 냄새가 공기 속에서 훅 끼쳐 왔다. 나의 군대 시절 잔반을 수거해 가던 아저씨의 이름 석 자가 순식간에 떠올랐다. 동물 농장을 지나 담도 없이 넉넉한 마당을 가진 세욱이 집에 들어섰다. 언제든 고기를 구울 준비가 된 드럼통 화덕과 어제 저녁쯤 마셨을 법한 맥주병들이 주위에 쓰러져 있었다. 무엇 때문인지 세욱이가 엄마를 보챘다. 엄마는 곧 고로쇠 수액을 한 잔 가득 가져왔다. 세욱이의 손에 끌려 들어간 창고에서 염소 엑기스를 뽑는 대형 기계와 한국 전쟁쯤 총에 끼워 썼을 법한 녹슨 검 등을 구경했다. 아이는 이것저것 닥치는 대로 보여 주고 싶어 했다.

'아저씬 서울서 와서 이런 거 못 봤죠?' 하고 있는 것이다.

교육은 한 아이를 행복한 사람으로 성장시키는 것

다음 날, 등교한 아이들이 아침부터 종이컵과 실을 만지작 거렸다. 교실에 들어선 선생님이 아이들과 함께 종이컵 전화기를 만

들었다. 아이들의 관심이 바로 수업이 되었다. 과학 시간이 아니었지만 개의치 않았다. 두 개의 종이컵에 실을 길게 연결해 복도로 나갔다. 선생님은 종이컵 속 울림과 팽팽한 실을 따라 전달되는 진동 등 종이컵 전화의 원리를 설명했다. 속삭이듯 컵에 대고 얘기해 단어 맞히기 놀이를 시작했다. 아이들은 신기하고 재밌어 하며 연방 까르르 웃어 댔다. 놀이를, 아니 수업을 지켜보며 '소통'이라는 단어를 쉽게 떠올렸다. 나와 내 주변 사람들의 분노와 불신의 근원은 '불통'이 아닌가. 단순히 종이컵 전화 놀이 이상의 의미를 내포하고 있다고 생각했다.

가리산 분교의 수업 풍경은 낯설다.

"놀이가 공부와 다르지 않고, 놀이 안에 공부가 있다."는 오세황 교사의 교육 철학과 신념이 반영되었다. 또 그는 아이들이 아동 시기에 누릴 수 있는 것들을 충분히 누리도록 하고 싶다고 했다. 아이들이 아이처럼 자랄 수 없는 우리 교육의 현주소를 꼬집는 것이다.

==아이들이 인간과 생명을 사랑하며 행복한 사람으로 성장했으면 좋겠습니다. 다양성이 존중받는 정상적인 사회라면 그 행복이 경쟁력이 되지 않을까요.==

선생님의 바람처럼 아이들의 말과 표정, 행동에서 읽히는 것은 '행복'이었다.

아이들은 이날 내가 떠난다는 것을 알고 있었다.

"아저씨, 이거요."

선빈이는 어제 산에서 주운 솔방울을 예쁘게 색칠해서 내 손에 쥐어 주었다.

"아저씨, 꼭 혼자 드세요."

세욱이는 고로쇠 물을 한 통 가득 들고 와 내게 내밀었다. 아이들의 선물이었다. 날 생각하며 정성 들여 색칠하고 부모님을 졸라 귀한 고로쇠 물 한 통을 받아 냈을 아이들의 모습을 생각하니 코끝이 찡해졌다. 멀리서 온 아저씨를 순수하게 마음 열어 받아들일 줄 아는 아이들이 참 기특했다. 아이들의 '아이 같음'이 내게 진한 감동을 불러일으켰다. 누군가를 만나는 일은 '배우는 일'이기도 하다. 산골 아이들에게 소중한 배움을 얻었다. 때 묻지 않은 따뜻한 정. 이 아이들은 얼마나 고귀한 희망들인가. 순수, 티 없이 맑음, 구김 없음, 깨끗함 등의 추상적 표현이 이 아이들에 의해 손에 쥐어질 것처럼 구체화되었다.

서울로 돌아와 며칠 뒤 아이들의 사진을 인화해 가리산 분교로 부쳤더니, 오세황 교사가 메일을 보내 왔다. 가리산의 따뜻함이 그대로 배어 있었다.

"아침에 아이들과 함께 보내 주신 사진을 보았습니다. 도덕 시간 장래 꿈을 이야기하는 짧은 시간이 있었는데요. 선빈이는 유치원 교사, 세욱이는 수영 선수가 희망이었는데, 이제는 사진기자가 하나 더 붙었군요. 좀 더 넓은 직업의 세계를 소개해 주지 못한 저를 자책해 봅니다. 우리 새끼들에게 소중한 기억을 주고 가셔서 참으로 고맙습니다. 아이들이 강 기자님이 찍은 다른 사진도 보고 싶다고 해서

블로그에 방문해서 사진들을 보았습니다. 인간에 대한 애정과 존중, 다른 사람보다 조금 다른 각도에서 내 주변의 향기를 맡아 보려고 하는 것. 아마 제가 글 주변으로 표현할 줄 모르는 공감이 있었기에 지금도 여운이 남는지 모르겠습니다. 가리산에는 지금 눈발이 날립니다. 아이들이 애써 채집해 온 개구리알이 무사했으면 좋겠습니다. 취재가 아니더라도 가리산은 언제나 강 기자님께 열어 놓겠습니다."

무지개 옷을 입은
제주 더럭 분교를 아시나요?

서울과 같은 대도시 학교와 달리 지역 공동체와 자연이 어우러진
제주도의 작은 시골 학교, 더럭 분교. 무채색 일색의 타 초등학교
건물과 달리 이곳은 아이들의 동심과 다양성을 자극하는 무지개
색으로 학교를 꾸며 이미 제주도의 명물로 자리 잡았다.
더럭 분교가 날개를 달기 시작한 것은 제주도가 2011년부터 추진한
'소규모학교를 살리기 위한 공동주택 건립사업'이 효과를 거두었기
때문. 더럭 분교를 시작으로 추진된 이 사업을 통해 폐교 위기를
맞은 학교들에는 아이들의 웃음소리가 넘쳐나게 되었다.

09

허물어진 건
집이 아니라
사람이었다

철거된 사람들

"강제 철거,
동절기·새벽녘
에는 금지"

이 엄동설한에 길바닥에
나앉으라니요

　　서울 종로구 교북동 빈 상가들 사이에 꽃집이 눈에 들어왔다. 꽃도 없이 꽃집이라 쓰여 있었다. 어둑해진 겨울 초저녁, 실내에는 불이 꺼져 있었다. 가게 안으로 들어서자 꽃을 가지런히 진열했을 선반에 살림살이와 옷가지들이 널렸다. 지난 10년 동안 꽃집을 운영해 온 허정란 씨는 병색이 짙은 모습이었다. 근심 가득한 얼굴 위로 가까스로 희미한 웃음을 얹었다. 누추한 집과 또 그런 자신의 모습을 보여 주기 싫어 평소 사람을 들이지 않는다고 했다. 재개발을 앞둔 이 지역 비상대책위원회 주민의 설득이 없었다면 허 씨의 '꽃 없는 꽃집'에 나는 초대되지 못했을 것이다.

　　허 씨 뒤로 보이는 허름한 세간과 24시간 내내 깔려 있을 이부자리가 눈에 띄었다. 눈으로 재빨리 집 안을 훑었고, 다시 마주한 허 씨의 얼굴에서 립스틱 바른 빨간 입술이 눈에 띄었다.

　　"그래도 손님이 온다는데……."

　　아픈 모습을 조금이라도 감추고 싶었던 것일까. 빨간 립스틱을 바른 입술이 얼굴의 병색, 낡은 살림살이와 조화되지 않았다. 사연을 털어놓는 허 씨의 목소리는 떨렸고 금세 눈물이 그렁그렁했다.

　　"보세요. 재개발 발표 이후 장사도 못 해요. 시설 투자와 권리금도 많이 낸 곳인데 안쪽까지 공간이 있는데도 눈대중으로 스윽 보고는 2,000만 원 준다고 나가래요. 길바닥에 나가 앉으라는 말이에요."

울먹이는 입술에 힘이 들어갔다.

"어디 갈 데가 없어요. 보증 잘못 서서 돈 날리고 안 수술까지 했어요. 악재가 겹쳤어요."

허 씨는 안간힘을 써 속에 있는 말을 끌어냈다. 말을 뱉어 내고 "후" 하고 한숨과 함께 가슴을 쓸었다.

"어디 하소연 할 데도 없었는데 이렇게 얘기하니, 속이 후련하네요."

꽃집 가득 들어찬 세간을 헤치며 돌아서는 내게 허 씨는 미소를 띤 채 말했다.

"고맙습니다. 정말 고맙습니다."

아파트가 들어설 예정인 서울 종로구 돈의문 1구역은 주택과 상가 철거 공사가 한창이었다. 보상금으로 다른 곳에 가서 지금 수준으로 정착할 수 없는 30여 세대 정도 남았다. 재개발 구역 내 홍파동. 사람이 빠져나간 건물은 금세 황폐해져 있었다. 반쯤 부서진 집과 상가들이 골목 좌우로 즐비했다. 문짝에서 떨어져 내린 유리조각들이 바닥에서 "쩌억쩌억" 아우성을 쳤다. 황량한 골목 사이로 시린 바람이 몇 차례 불며 지나갔다.

무너진 건물들 사이에 권계란 할머니(85)의 낡은 집이 위태하게 남아 있었다. 해가 완전히 넘어가기 전에 할머니 집을 서둘러 찾았다. 집까지 동행해 준 비상대책위 주민이 할머니가 밤에는 무서우니 찾아오지 말라고 했단다. 문을 두드리자 한참 만에 문이 열렸다. 주름 가

내 재산 내가 지키겠다는데
내가 왜 이 수모를 당해야 합니까!

득한 얼굴의 권 할머니는 나를 마주하자 잔뜩 움츠렸다. 집을 비우고 나가라는 용역업체 직원쯤으로 본 것 같다.

"돈도 없고…… 못 가요…… 이사 못 가요…… 어데로 가요? 이 추운데……."

2평쯤 돼 보이는 단칸방엔 부엌에서 피운 연탄난로에서 나오는 매캐한 냄새가 가득했다. 권 할머니는 불편한 다리를 연방 주무르며 며칠 전 집으로 배달된 '부동산인도 강제집행 예고장'을 보여 줬다. "11월 27일까지 집을 비우지 않을 시 예고 없이 강제집행에 들어가며, 그 비용을 본인이 부담해야 한다."고 쓰여 있었다. 이날이 26일이었으니, 바로 다음 날까지 비우라는 것이다.

"돈이 없는데 노인네가 어디 가겠어요?"

할머니는 인근 송월동, 홍파동 등에서 65년을 살았다고 했다.

"이 집에만 20년 넘게 살았어요."

할머니는 기초생활보장 수급자로 받는 돈과 인근 교회의 도움으로 살아가고 있었다.

"철거하든지 말든지. 설마 사람 때려죽이겠어요? 몸도 못 쓰는데……."

할머니는 혼잣말을 했다. 그때 열린 문으로 놀란 듯 들이닥친 옆집 아주머니가 나와 비대위 주민을 번갈아 쏘아 보았다. 나를 집 비우라 회유 내지는 협박하러 온 조합 사람으로 보았던 것이다. 불신이 가득 찬 눈매를 거두지 않았다. 자초지종을 설명하자 회사 로고가 붙은 카메라를 든 내겐 의심의 표정을 지웠지만, 나와 함께 간 비대위 사람에

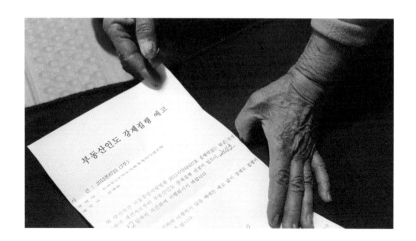

겐 의심을 쉽게 거두지 않았다. 개발 과정에서 주민들 사이에도 서로 믿지 못하는 분위기가 형성돼 있었다. 권 할머니가 '옆집 처녀'라 부르며 의지하는 아주머니는 할머니가 쫓겨날 걱정으로 계속 불안해하자, "절대 철거 못 해요. 철거하지 않죠, 그렇죠?" 하고 할머니를 등진 채로 내게 윙크하며 대답을 강요했다. 안절부절못하는 할머니를 그렇게 안심시키려 했다. 그 말에 처지가 다를 것도 없는 자신도 위안을 얻으려 했을까. 하여튼 나는 그 급하고 절박한 윙크에 얼떨결에 답했다.

"할머니 걱정하지 마세요. 겨울에 철거 안 해요."

무책임한 말이었지만 할머니의 깊이 팬 주름에 그제야 미소가 걸렸다.

매달 2만 원,
의문의 입금자

강제집행 예고장에 자진 이행일로 명시된 날인 다음 날, 권 할머니의 집을 다시 찾았다. 집을 비우지 않을 시 예고 없이 강제철거한다는 예고장의 내용이 걸렸기 때문이다. 할머니의 집은 온전히 그 자리에 있었다. 아니 그대로여서 더 위태해 보였다. 문을 두드렸다.

"할머니. 할머니!"

한참 답이 없어 어디 외출하셨나 싶어 돌아서려는데 안에서 날카로운 목소리가 들렸다. 그 낯선 목소리는 공포를 가장하고 있는 것 같았다. 예고 없는 누군가의 방문은 할머니를 불안하게 하는 것이다. 불편한 다리에 몸을 실어 겨우 몇 발짝 뗀 문 안쪽에 선 할머니의 모습이 그려졌다. 이중, 삼중의 잠금장치를 여는 소리가 문 안에서 들렸다.

할머니와 마주 앉았다.

"팔자가 그런가 봐요."

자식 얘기를 조심스럽게 물었더니 대뜸 그렇게 말을 시작했다. 오래전 다른 여자가 생긴 남편과 함께 살 수 없어 자식들을 남편에게 보내고 자신이 떠났다고 했다. 무덤덤한 표정으로 말을 이었지만 말 사이에 한숨이 스며 있었다. 할머니의 하루 일과를 물었다.

"TV보다가 11시 반쯤 무료 급식소에 가요. 급식소 대표가 사람 참 좋아요. 세상에 그런 사람이 없어요."

할머니는 급식소에서 도시락을 싸와서 저녁과 다음 날 아침을 해결한다.

"앉아 있거나 쪼그리고 있으면 다리가 달라붙어. 그래서 한 시쯤 나갔다가 다시 들어왔다가 해요. 올해 바짝 다리를 펴지 못해요."

"폐지 주우신다면서요?"

"이젠 안 해요. 폐지가 문제요? 내가 죽겠는데."

할머니의 목소리는 또렷하고 카랑카랑했다.

"날이 좀 따뜻해지면 양로원이라도 가겠는데…… 거기 가도 돈 몇 푼은 갖고 있어야지…… 아니면 아무것도 못해요. 좀 살게 해 줘야지…… 조합에서 방이라도 좀 마련해 주던지. 사람이 살고 봐야지. 동지섣달 어디 가서 살라고……."

할머니는 불쑥 몇 년 전 얘기를 꺼냈다.

"여기 교남동 파출소에 있던 경찰이 은퇴한다며 찾아와 인사했어요. 그냥 인사하나 했지요."

할머니는 그일 이후 한참 지난 후에야 그 사연의 퍼즐을 끼워 맞추었던 모양이다.

"그때 내 은행 통장에 매달 2만 원씩 들어왔어요. 누군가 싶어 은행 가서 알아보니 그냥 '김 씨'라고만 했어요. 알려주지 말라고 했다면서. 요 앞 여관 할아버지가 그 사람한테 혼자 사는 내 얘기 한 것 같아요. 여관 영감 만나면 누군지 알 수 있을 텐데."

재개발이 시작되면서 여관 할아버지도 동네를 떠나고 없었다. 할머니는 몹시 아쉬워하며 내게 물었다.

"그 경찰관 찾을 수 있어요? 고마워서 인사라도 하고 싶은데."

철거가 목전에 왔는데 할머니는 한가하게 도움을 준 사람 얘기를 꺼내며 흐뭇해하고 있었다. 할머니는 집이 철거되고 이곳을 떠나게 되면 그 마음 고운 경찰을 영영 찾을 수 없게 되고, 고맙다는 인사도 전하지 못할 것을 걱정하고 있는 듯했다. 그것은 할머니가 이 집을 쉽게 버릴 수 없는 몇 가지 이유 중 하나일지도.

할머니의 단칸방에서 일어나며 마침 주머니에 있던 만 원짜리 한 장을 꼬깃꼬깃 접은 채로 할머니에게 내밀었다.

"과일 사 드세요. 할머니."

작은 몸에서 어찌 그런 큰 힘이 나오는지 내 손을 강하게 밀쳐 냈다.

"이러면 안 돼요. 절대. 나 그렇게 염치없는 사람 아니에요."

도로 집어넣지도 못한 채 손을 어정쩡하게 내밀고 있는데 할머니는 때마침 나오는 뉴스 화면을 보며 말했다.

"와, 저거 보세요. 영도 다리."

부산 영도 다리 개통 뉴스 화면에 나의 시선이 옮겨지도록 유도하며 딴청을 부렸다. 무안해진 손을 거두며 혹시 나의 이런 어설픈 행위가 할머니에게 상처를 준 건 아닐까, 마음이 쓰였다.

갈 데가 없어
싸울 수밖에 없어요

철거민 이준봉 씨를 만나기 위해 찾아간 경기도 하남 미사택지 개발지역은 거대한 공사장이었다. 이 씨의 설명대로 공사장 한쪽에 뜯겨져 있는 가림 천막 사이로 발을 들여놓았다. 그새 어둠은 내렸고 눈앞에 작은 불빛 두 개가 나타났다. 가로등 하나와 비닐집 불빛 하나. 공사장의 그 넓은 어둠 속에서 빛을 내고 있는 비닐집은 마치 까만 바다에 표류하는 배처럼 보였다.

얼어 버린 땅을 더듬으며 비닐집으로 걸어가는 30여 미터에는 어른 가슴 깊이의 구덩이가 가로로 길게 파여 있었고, 그 위로 부실해 보이는 좁은 철제 다리가 구덩이를 가로질러 걸쳐 있었다. 흔들리는 다리를 밟고 구덩이를 건너니 이번엔 거대한 포클레인이 떡 버티고 서 있었다. 위협적인 포클레인은 'ㄷ' 자를 엎어 놓은 꼴을 하고 있었다. 철제 다리를 지난 이들은 반드시 포클레인 터널을 지나도록 한 것이다. 이것을 가져다 놓은 이의 의도가 전해졌다. 구덩이와 철제 다리, 포클레인을 지나 닿게 되는 비닐집. 흡사 승자가 패자에게 "내 가랑이 밑을 지나가라."며 굴욕을 맛보게 하는 듯했다. 철거민에 가하는 조롱이었고 협박이었다.

비닐집에서 세 명의 여성 철거민이 맞아 주었다. 비닐집은 이구선 씨(65)의 집이다. 이 씨는 지난 23년 동안 소규모 농사를 지어 김치나 장류를 담가 팔며 이 비닐집에 살았다. 현재 이준봉 씨(52)와 양금선 (62) 씨가 들어와 함께 살고 있다. 이준봉 씨는 10년 운영한 섬유 공장이 지난해 7월 어느 날 새벽에 예고 없이 들이닥친 용역과 집행인에 의해 철거됐고, 양금선 씨의 비닐집은 지난 10월 헐렸다. 10월부터 세 여성 철거민이 동거에 들어간 것이다. 비닐집 바닥에서는 서늘한 냉기가 올라왔다. 내게 찬 바닥 대신 소파 위 전기장판을 권했다. 자리를 잡고 앉자마자 철거민들은 속에서 삭이던 분과 두려움을 쏟아 냈다.

"참 미안한 말이지만 용산 철거민 참사를 남 얘기처럼 생각했어요. 이제 내가 당해 보니 알겠어요. 갈 데가 없어요. 싸울 수밖에요."

"용역들이 오전 9시부터 오후 5시까지 지키며 우리가 뭐 하는지 보고해요. 누가 들어가고 누가 나가는지 다 살핍니다."

"불안해서 잠이 안 와요. 물이나 전기를 끊을까, 자는 동안에 누가 불을 지를까, 포클레인으로 눌러 버리지는 않을까. 안 했다 잡아떼면 그만이잖아요. 사람이 정말 무서워졌어요."

"내 재산 내가 지키겠다는데 내가 왜 이 수모를 당해야 합니까?"

더도 말고 덜도 말고 지금처럼만 살 수 있을 정도의 생계 대책을 요구하는데 돌아오는 건 고발과 감시와 '법대로 하라'는 으름장이었다.

얘기를 털어 놓던 철거민들은 내게 여러 차례 고마움을 전했다.

"여자 셋이 사는 집이라 밤에는 더 무서운데. 이렇게 찾아와서 얘기 들어 주니 덜 무섭네요."

얘기를 나눈 시간 동안만은 불안을 떨칠 수 있었다는 말이다. 또 '누가 들이닥쳐도 기자가 있는데 어찌하겠나?' 하는 마음도 있었으리라.

비닐집을 빠져나오니 이날 갑작스레 찾아온 추위가 더 춥게 느껴졌다. 다시 포클레인 터널을 지나, 구덩이 위 철다리를 건넜다. 뒤돌아보니 포클레인 사이로 보이는 비닐집이 위태로워 보였다. 철과 비닐의 느낌의 차이만큼이나 대비된 이미지가 강렬했다. 어떤 암시였을까.

몇 분 만에 사라진
삶터

닷새 후 이준봉 씨가 전화를 걸어왔다. 휴대폰에서 흘러나오는 목소리가 다급했고 또 떨리고 있었다.

"지금 용역들이 비닐집을 둘러쌌어요. 지금 와 주실 수 있나요?"

도움을 요청하고 있는 것이다. 나는 망설였다. 내 안의 변명은 이랬다. '내가 현장에 가서 강제 철거를 막을 수는 없다. 나는 기록하는 자여야지 개입자여서는 안 된다.' 머릿속에서 빠르게 계산되는 나의 변명은 막무가내 용역 앞에서 사진을 찍을 수 없을 거라는 두려움이었는지도 모르겠다. 가끔 일과 진정성 사이에서 고민하곤 한다. 진정성이란 대상에 얼마나 가까이 다가가느냐의 문제다. 일과 진정성이 포개지지 않고 따로 놀 때 스스로 부끄럽기 마련이다. 지금 이 순간의 진정성이라는 것은 전화를 끊는 동시에 현장으로 달려가는 것이리라. 뭐가 어떻게 되든 미리 현장 상황을 예단할 필요 없이 요청에 응하는 것이다.

"아…… 그래요? 데스크한테 보고하고 다시 전화 드릴게요."

지금 와 달라는 말에 이렇게 대답했다.

12월에 접어들었고 동계 철거는 자제한다는 어느 정도의 믿음이 있던 터라, 며칠 사이에 상황이 발생한 것이 사실 당혹스러웠다. 적어도 철거민 기사가 실리는 주말까지는 비닐집이 버텨 주기를 바랐다. 철거민의 삶이 벼랑 끝으로 내몰리는데 나는 알량한 나의 기획 기사를 먼저 걱정했던 것이다. 나는 비겁했다.

'기사 게재라는 목적을 위해 철거민들은 그저 이용할 수단일 뿐인가, 이 취재에 진정성이 있는가?'

질문에 답하기 위해서는 철거 현장으로 가야 했다. 당장 가서 도움이 되지는 않을지언정 일단 가는 것이 옳다고 마음을 고쳐먹었다.

2009년 1월 20일, 6명의 인명이 희생된 용산참사.

서울 용산 재개발 철거민들의 건물 옥상 농성은 철거민과 조합 간 보상비 갈등이 직접적인 원인이었다. 서울시와 용산구에 따르면 재개발조합 측은 세입자에게 법적으로 규정된 휴업보상비 3개월분과 주거이전비 4개월분을 지급한다는 입장이었다. 하지만 조합이 주는 보상비로는 생계와 주거를 이어 갈 수 없다고 판단한 상가 세입자들은 대책을 요구하며 철거를 반대해 왔다. 철거민들이 적극적인 수단을 동원한 것은 겨울철 강제 철거도 한 원인이었다. 거처 마련이 어려운 상황에서 엄동설한에 집 밖으로 내몰린 것이다. 서울시에도 겨울철 강제 철거를 금지하는 행정

"경찰은 그들을 사람으로 보지 않았다."

지침이 있지만 처벌 규정이 없어, 실제로 지켜지지는 않았다. 사건 당일인 1월 20일, 절박한 심정으로 옥상에 오른 철거민들을 끌어내리기 위한 강제 진압이 시작됐다. 옥상 위에는 '사람'이 있었지만 경찰은 그들을 '사람'으로 보지 않았다.

경찰은 공사장 바깥에서 거리를 둔 채 철거 현장의 상황을 주시했다. 강제 철거 소식에 달려온 몇몇 철거민들과 비닐집 거주 여성들이 벽처럼 둘러싸고 선 용역들 앞에서 소리를 지르고 있었다. 용역을 든든한 방패로 세워둔 철거 작업 집행인들은 철거민들의 외침을 간단히 무시했다. 세간들이 들려 나와 트럭에 실렸다. 비닐집 앞을 외로이 밝혔던 가로등의 전선이 제거됐다. 이어 포클레인이 들어왔다. 크고 묵직한 바가지를 들어 올려 이리저리 몇 차례 휘두르자 비닐집은 무기력하게 무너져 내렸다.

오랜 세월 쌓여 온 삶의 흔적이 눈앞에서 불과 몇 분 만에 사라졌다. 비닐집이 없어진 곳에는 검붉은 흙바닥이 드러났다. 여성 철거민들은 고통스럽게 철거 과정을 지켜봤다. 지쳐서 더 이상 고함도 지르지 못하고 망연히 이를 바라보는 나이 든 철거민들 앞에서 앳된 얼굴의 용역업체 직원들은 서로 잡담하며 낄낄대고 있었다. 철거민과 용역의 상반된 표정이 엇갈리는 이 공간이 비현실적이었다. 마지막까지 버텼던 철거민의 비닐집은 그렇게 확실히 제거되었다. 누구도 거침없이 집행되는 철거를 막을 수 없었다.

나는 시종 무기력하게 지켜볼 수밖에 없었다. 이 현장을 사진으로 남겨서 꼭 보도해 달라는 철거민의 목소리에는 울음이 섞였다. 사진 말고 내가 할 수 있는 것은 무엇이었을까. 철거 집행 관계자에게 다가가 "동절기에는 강제 철거를 금지하고 있는 것 아니냐?"고 항의도 아닌 질문 수준으로 말한 것이 고작이었다.

2시간 여 머물던 용역과 집행 담당자들이 홀가분한 표정을 지으며 현장을 빠져나갔다. 트럭에 실렸던 살림살이들이 공터가 돼 버린 집터에 다시 내려졌다. 트럭에 실려 간 살림을 맡기게 되면 창고 이용료를 내야 하기 때문에 철거민들이 창고 보관을 포기한 것이다. 인부들이 트럭에서 침대, 냉장고, 찬장 등을 집터에 던지듯 내렸다. 트럭이 떠나자 비닐집 철거민들이 예고 없는 철거에 미처 챙기지 못한 물건들을 뒤졌다. 엉망이 된 살림 속에서 다시 사용할 물건과 당장 먹을 음식 등을 찾아냈다. 그 모습이 아프고 처절했다.

떠나는 철거민들에게 어디로 가느냐고 물었다.

"시민을 지키지 못했으니 시청에 가서 잘 겁니다."

정들었던 공간을 떠나는 철거민들의 표정이 의외로 덤덤해 보였다. 개발이 시작된 뒤 수없이 견뎌야 했던 공포와 수모가 외려 덤덤함을 유지하게 하는지도.

그리고 한마디 덧붙였다.

"싸움은 지금부터 시작입니다."

불과 닷새 전 이준봉 씨는 비닐집에 앉아 얘기하던 중 눈시울이 뻘게진 채로 내게 물었다.

"근데 이번 겨울은 날 수 있을까요?"

철거민들에게 서럽고도 참 잔인한 겨울이다.

10 자본 없이
일상을 예술로
만들기

떠돌이 영화감독, 신지승

돈이 없어도 예술을 누릴 수
있어야 합니다.
보편적 예술성을 독점해
권력화하고 이익을
추구하는 기성 예술,
이대로
괜찮을까요?

자본 중심 프레임을
해체하다

신지승 감독을 만난 곳은 서울월드컵경기장 앞 공원 주차장이었다. 넓은 주차장에서 그를 찾는 것은 어렵지 않았다. '이동 영화사'라 불리는 그의 파란색 5톤 트럭이 쉽게 눈에 띄었기 때문이다. 신 감독은 트럭 뒤쪽에 돗자리를 펴 놓고 서너 명의 지인들과 술잔을 기울이고 있었다. 인사를 건네자 그는 즉시 지인들에게 나를 소개했다. 그중 두 명은 나처럼 이날 처음 신 감독을 만났다고 했다.

"의미 있는 작업하는 신 감독님 응원하러 온 거예요."

일행 중 한 명이 말했다.

돗자리에 동석한 나는 오가는 대화 속에서 신 감독의 이번 작업은 무엇인지 귀 기울였다.

"홍대 앞이라는 공간에서 '프린지 페스티벌'에 참여한 여러 작가들이 얽히고설키는 것에 주목합니다. 작가들이 배우가 됩니다. 실제 인물들의 이야기로 풀어 가는 것이지요."

"다큐 영화입니까?"

"다큐적 요소가 있으나, 다큐가 아니라 드라마입니다. 카메라 앞에서 인위적인 연출이 개입되고 인물이 카메라 앞에서 연기를 합니다. 가상이 아니라 그 인물이 반영되는 드라마지요."

고개는 끄덕였으나 막연했다.

감독이 덧붙였다.

"드라마(영화)에서 '즉흥'과 '우연'이라는 것은 익숙하지 않고 어색하잖아요. 그것은 제 영화에서 늘 이뤄지는 실험입니다. 이번 축제에 참가한 이유기도 하지요. 배우의 즉흥과 우연, 감독의 즉흥, 시민들의 즉흥적 참여가 이뤄집니다. 시민들은 그냥 엑스트라가 아닙니다. 시민들이 연기를 못할 것이라는 것은 선입견입니다. 연기는 전문 연기자만 하는 것이 아닙니다."

"시나리오는요?"

주기적으로 반복되는 '즉흥'이라는 단어에 혹시나 싶어 물었다.

"시나리오는 없어요. 프레임을 깨는 것이죠. 기존 영화의 자본 중심적 프레임을 해체하는 겁니다. 시민들에게는 배우의 기회를 줍니다. 우린 어릴 적에 소꿉장난을 하던 스스로 창작자요, 연기자였어요. 누구나 주인공이 될 수 있어요. 카메라는 전혀 위대하지 않고, 의식하지 않아도 되는 도구에 불과합니다."

그저 낯설기만 했다. '낯설게 하기'가 영화의 의도라면 나는 이해를 한 것이다.

신 감독의 작업 방식이 치밀한 계획으로 이뤄지지 않는다는 것은 짐작하고도 남았다. 그의 주요 작업 방식인 '즉흥'이 '계획'이라는 단어와는 확실히 거리가 있었다. 나는 매일 아침 전화로 그날의 일정을 확인했다.

"오늘은 일정이 없는데 어떡하죠?"

여유 있는 그에 비해 마감을 의식하고 있는 나의 조급증은 상대적으로 더 클 수밖에 없었다.

재밌게 놀며 작품 한다는 그가 나로 인해 강박적으로 일을 해야 할 이유는 없다.

일상이 곧
영화 아니겠는가

　　월드컵공원 주차장에 장기 주차된 파란색 이동 영화사 앞에서 신 감독을 다시 만나기로 했다. 감독은 작업하는 한 달 동안 트럭에서 먹고 잔다고 했다. 저만치 주차장을 향해 걸어오는 나를 보자마자 기다렸다는 듯 발걸음을 재촉했다. 이날 오전에 내게 문자로 보내온 감독의 일정은 오후 2시부터 2시간 단위로 밤까지 촘촘하게 짜여 있었다.

신 감독은 이날 그를 응원 방문한 일행에게 이번 축제에 참가한 연극 한 편을 보자면서 앞장서서 홍대 앞 한 소극장으로 향했다. 연극 집단 '아해프로젝트'가 사뮈엘 베케트의 〈고도를 기다리며〉를 모티브로 한 〈플랜 B-두 덩치〉를 무대에 올리고 있었다. 신 감독이 자신의 영화에 담아 왔다는 연극이다. 관객석 맨 뒤에 신 감독의 카메라는 이미 세팅이 돼 있었다. 연극을 좀처럼 보지 않는 나는 살짝 긴장 되었다. 연극은 '어렵다', '재미없다'는 화석화된 편견에 저항하며 극에 집중했다. 역시 어려웠다.

연극이 끝난 뒤, 감독 일행은 인근 삼겹살집에 모였다. 얘기가 달아오를 무렵 신 감독은 트럭에 머물고 있는 아내 이은경 PD에게 영화 장비를 가져와 달라고 연락했다. 그야말로 즉흥이었다. 갑자기 지금 바로 이 순간 벌어지는 상황들을 영화 속에 담아야겠다는 것이다. 어수선한 술자리에서 섭외와 수락이 순간적으로 이뤄졌다. 장비가 도착하자 중앙에 한 대의 카메라를 배치하고, 신 감독과 부인이 작은 카메라를 한 대씩 나눠 들었다.

"레디~ 액션!"

며칠 전 돗자리에서 즉흥적으로 결정된 '포장마차 신'에 대한 얘기를 동석자들의 즉흥 연기로 풀어내려고 했다. 이날 신 감독과 첫 대면한 이도 졸지에 카메라 앞에 배우로 나섰다. 술에 얼굴이 붉어진 배우들이 '삘' 받은 감독의 간결한 즉흥 설정을 연기하다가 어색한지 감독을 힐끗힐끗 쳐다봤다.

"컷하기 전에는 날 보지 마세요. 다시 레디~ 액션."

내용을 채워 가는 것은 순전히 초짜 배우들의 몫이었다. 누군가 물었다.

"이렇게 찍어 영화에 쓸 수 있나요?"

감독의 즉답.

"충분해요."

영화제작의 상식에 대한 통렬한 배반이었다. 상식을 흔드는 과정이 그의 작업처럼 보였다. 찬술이 몇 잔 들어가자 '도대체 상식이란 게 무엇이며, 또 누가 규정하며, 존재하기는 하는 것인가?'라는 흐릿

한 질문이 취기에 엉겨 왔다.

　뒤풀이를 위해 삼겹살집에 합류한 '아해프로젝트' 연출자와 배우들에게도 어김없이 신 감독의 카메라는 옮겨 갔다. 연출가가 산티아고를 걷다 만난 한 교사와의 인연으로 이 연극을 만들었다는 내용을 담았다. '바쁠 땐 고양이 손도 빌린다'고 옆에 손이 비는 이는 누구나 헤드폰을 쓰고 붐 마이크를 들어 스태프 역할을 맡았다. 배우가 스태프가 되고 스태프는 배우가 된다. 신 감독이 자리로 돌아와 카메라를 내려놓았다. 사실 카메라가 돌아가고 있던 때와 별반 차이 없는 상황이 이어졌다. '무엇이 영화이며 무엇이 일상인가.' 경계가 허물어지는 것 같은 가벼운 혼란이 일었다. '일상이 곧 영화가 아니겠는가'라는 신 감독의 메시지일까. 결과물에 대한 감독의 고민이 없을 리 없겠지만 같이 즐기며 만드는 영화라면 그 결과가 무엇이든 그 의미는 충분할 것이다.

우연과
즉흥

　　　신 감독이 영화의 본질에 접근하는 과정은 '우연'과 '즉흥'이다. 흔히들 말하는 탄탄한 시나리오도 없다. 마감이 다가오는 나의 일과 그의 작업에는 메울 수 없는 괴리가 있다. 나의 카메라가 그의 카메라를 재촉했다.

"강 기자 때문에 작업에 흥이 생겼어요. 덕분에 새로 시도할 장면을 생각해 냈어요. 거리에서 영화 찍으며 대형 스크린으로 그 영화 촬영 장면을 관객에게 보여 주고, 그것을 또 촬영할 겁니다. 고마워요."

나의 말에서 힌트를 얻었단다. 내가 확실히 그의 작업에 개입되고 있음을 확인해 준 것이었다.

주말 저녁, 홍대 '걷고 싶은 거리'에는 여성 뮤지션들의 공연 〈그녀들의 공간〉이 펼쳐졌다. 여성 뮤지션들이 자신의 아픔과 상처를 노래와 연주로 들려주었고, 공연 끝 무렵 한 무용가가 관객석에서 나타나 춤으로 이를 치유하는 음악극 형식의 공연이었다. 본 공연이 끝나자 공연장은 신 감독에 의해 길거리 영화제작 현장으로 전환됐다.

"더 이상 공연 못 할 것 같아요."

조금 전 공연하던 뮤지션 '자이'가 노래하다 울먹이며 뛰쳐나갔다. 앞뒤 상황을 모르는 관객들이 깜짝 놀랐다.

"NG! 자, 다시 한 번 하시죠. 자, 여러분 박수 주세요."

신 감독이 어리둥절해하는 관객들에게 간단히 상황을 설명한 뒤, 리액션 연기까지 요구했다.

"여러분이 도와주셔야 됩니다."

야외 공연장이 영화 촬영장이 되어 감독 목소리가 울려 퍼졌다.

"함께 외쳐요. 자, 레디~."

거리의 시민들이 따라 외친다.

"레디……."

"액션"

"액션!"

자이가 다시 한 번 자리를 박차고 나가자, 중년의 여성들이 "왜 저래. 무슨 일이야?" 하며 능청스럽게 즉흥 연기를 펼쳤다.

신 감독을 처음 만난 날, 돗자리에서 즉흥적으로 결정된 포장마차신이 야외 공연장 옆에서 이어졌다. 뮤지션 자이와 강신우 작가, '아해프로젝트'의 배우 조용경이 포장마차에 앉았다. 각자 다른 분야의 예술가들이지만 동시대를 살며 '프린지'라는 무대에서 자신의 예술을 펼친 공통점만으로 얘기는 꽃을 피웠다. 신 감독은 앞뒤 좌우를 정신 없이 오가며 예술가들의 이야기를 담았다. 그가 촬영하는 장면은 포장마차 옆에 걸린 대형 스크린을 통해 지나는 시민들에게 공개되고 있었다. 예술가들은 서로 공유하는 대화 속으로 쑥 빠져들었고, 신 감독은 촬영이 끝났음에도 '컷' 사인을 내지 않았다.

다음 날 저녁, 홍대 거리에서 다시 만난 그에게 물었다.

"감독님에게 예술은 무엇입니까?"

"기존 예술은 경계를 만들어 자신은 엘리트이며 관객은 소비의 구조 속에 둡니다. 시간을 투자하고 훈련을 받은 예술가의 독점적 권력이 유지되는 방식이 기존의 예술입니다. 하지만 투자와 훈련이 생략되면 다 같은 것이고 경계는 없습니다. 기성 예술은 보편적 예술성을 독점해 권력화하고 이익을 추구하고 있지요. 일상에 예술이 존재합니

다. 일상 그 자체가 예술은 아니지만, 예술적 결단을 할 때 누릴 수 있는 것이 예술입니다. 저는 궁극적으로 없음(가난)의 예술을 지속하고자 합니다. 돈 없이 예술을 누리고 향유할 수 있어야 합니다. 없음의 예술인 영화, 그 자체가 의미 있는 예술입니다. 그것은 현재, 지금, 여기 '길거리'와 '광장'의 영화지요. 극장과 자본을 향하지 않습니다. 제 영화는 오늘 못 찍으면 다음 날 찍으면 됩니다. 그렇게 생각하지 않으면 병납니다. (웃음) 전문 배우와 스태프를 꾸리고 시나리오 안에서 치밀한 일정대로 추진한다면 그런 여유는 없겠지요. 보통 사람들은 영화에 나오고 싶어 하는 욕구가 있습니다. 누구나 원하면 누릴 수 있도록 하는 것이 예술이어야 하지 않을까요?"

'마을 영화'의
개척자

신 감독은 1999년 처음 농촌으로 들어가 영화를 만들었다. '마을 영화' 개념은 2003년부터 썼다고 했다. 그는 우리나라 '마을 영화'의 개척자가 되었다. 극장 스크린에 걸리지 않는 그의 영화를 영화판에서 알아주든 말든 그는 고집스럽게 영화를 만들었다. 그러던 그가 2011년 10여년 매달린 영화를 그만두려 했다.

"그해 쌍둥이를 낳았어요. 나의 작업을 영화의 진화로 봐주지 않았고, 영화감독이 아닌 마을주의자나, 활동가, 혹은 그저 착한 사람으로

프린지 페스티벌

다양한 문화 예술인들의 자유로운 상상력과 실험
정신을 엿볼 수 있는 대안 문화축제, 프린지 페스티
벌. 특정 기준에 따라 작품을 선정하지 않으며 아마
추어에서 전문 예술 단체에 이르기까지 누구나 자
유롭게 참여할 수 있는 축제다. 각자 제작한 공연과
작품들을 축제 프로그램으로 구성하고 공동으로 운
영하는 것이 프린지 페스티벌의 특징!

프린지 페스티벌의 첫 출발은 1947년 스코틀랜드
의 '에든버러 국제 페스티벌(Edinburgh International
Festival)'이 처음 열렸을 때 초청받지 못한 여덟 명
의 배우들이 공터에서 무허가로 공연한 것으로부터
출발하였다. 이때부터 작은 단체들이 축제의 주변
부(fringe)에서 자생적으로 공연하였다. 이 공연들은
사전에 기획된 것도 아니었고 조직적인 체계도 없

었지만 독특하고 참신한 형식을 선보임으로써 관객
들과 언론의 주목을 끄는 데 성공하였다.
우리나라에서는 1998년 "한국적 프린지의 실험과
모색"을 모토로 개최된 '독립예술제'가 계속 이어
져 오면서 국제적 성격의 행사로 확대돼 아시아 각
국의 공연 단체들을 참여시키면서 '서울 프린지 페
스티벌(Seoul Fringe Festival)'로 명칭을 바꿨다.

보는 것에 회의가 들었습니다. 가족을 먹여 살려야 했기에 그만둬야 한다고 생각했어요. 재산이 트럭밖에 없어 트럭으로 이동 노래방이나 할까, 지금 사는 양평 산 속에서 버섯을 키울까, 생각도 했어요."

그는 당시 거액의 기업 지원금을 반납했다고 말했다.

"큰돈이지만 지원금은 닭 모이 같은 것입니다. 겨우겨우 먹고살게 하는 마약과 같은 것입니다. 끊어지는 순간 살 길이 없어지죠."

그는 주위의 관심과 도움에 용기를 얻어 다시 메가폰을 잡았다고 했다.

"유튜브는 개인 생산, 개인 소비의 매체지요. 이를 잘 다루는 20, 30대들이 집에서 홀로 다루는 현대 문명의 상징입니다. 나의 영화는 일상의 집단과 그들이 있는 공간에서 함께 어울리며 같이 만들자는 겁니다. 공동 생산, 공동 향유이자 공동 축제가 내 영화의 지향점입니다. 전통적 집단의 공동성, 공동의 추억을 같이 누려야 합니다. 이런 개념은 영화를 찍기 위해 시골 마을에 들어가면서 찾은 것입니다. 어느 마을에서 만난 다섯 명의 할머니들 중 연기 잘하는 할머니가 있었어요. 그 할머니에게 대사를 몰아서 주면 영화는 매끄러울지 몰라도 공동체에는 해가 되지요. 그래서 할머니들에게 시간을 주고 공평하게 대사를 나눴습니다. 결과적으로 다 잘 해냈습니다. 제가 할머니들을 알아 가는 과정과 시간이 필요했던 것입니다. 한 명 한 명의 개성이 매력적으로 드러나는 방식의 드라마를 만들었습니다. 지식도 없고 가진 것 없어 젠체하지 않고, 어쩌면 기가 눌려 있는 곳이 시골입니다. 지식인들이 추구하는 것과 반대쪽에서 상처와 열등감을 가질 수 있습니다. 그런 분들이어서 가능한 영화가 '마을 영화'입니다. 권력이 있으면 누리려 들고 사람 사이에 균열을 내기 마련이지요. 시골에서는 모두 같습니다. 없는 상태이며 없는 사람들입니다. 그래서 '부처'와 같다고 생각합니다. 마을에서 만나는 촌로들이 나의 스승이 되었습니다."

리듬을 탄 이야기는 자신의 영화론까지 불러냈다.

"저는 저의 영화론을 '거석' 대 '돌멩이' 이론으로 설명합니다. 거석은 가진 자의 문화이며, 힘 있는 부족장을 위한 것입니다. 거대한 만리장성과 피라미드도 그렇습니다. 없는 자의 희생을 바탕으로 만들어진 것이지요. 돌멩이로 만든 돌탑은 어떻습니까. 이는 민초들의 공동 작업입니다. 큰 돌 위에 조금씩 작은 돌을 얹는 작업이지요. 민초의 꿈과 기도, 상처가 위에 겹겹이 쌓입니다. 무명의 사람들이 오가며 만드는 돌탑이 예술적 이상향입니다. 정교한 돌탑이 등장하지만 이는 가짜입니다. 예술도 마찬가지지요. 보잘것없는 돌탑은 자율적이고 민중 중심적이며 탈권력적입니다. 얘기는 우리 주위에 있습니다. 돈 벌려는 영화에는 우리 주위의 얘기가 없지요. 어떤 연기자가 가짜인가요? 전문 배우조차 가짜 아닌가요? 아까 노점에서 보았듯이 나는 그들의 친구가 되려 합니다. 내가 너무 잘나가면 친구가 안 되지요. 가진 게 없다 보니 친구 되기가 오히려 쉬워집니다. 어떻게든 사람들의 얘기를 만들고 보여 주고 싶습니다."

치킨을 뜯으며 한 예술가의 작업 철학을 듣는 상황이 재밌어 웃음이 났지만, 한편 그의 '돌멩이론'에 입각하면 뭐 그리 따질 일은 아닌 것 같았다.

　신 감독을 마지막으로 만난 날, 그는 프린지 페스티벌 참여 작가들
의 친목을 위한 '아티스트의 밤'에 참석했다. 각기 다른 분야의 예술
가들이 서로의 작업을 소개하며 화기애애한 분위기가 익어 갔다. 어
느 순간 신 감독이 보이지 않아 돌아보니 소파에 웅크려 새우잠을 자
고 있었다. 가슴에는 그의 분신과도 같은 카메라가 가만히 안겨 있었
다. 곧 잠에서 깬 그는 "아, 이상하게 피곤하네요. 먼저 들어갈게요."
하며 카메라를 집어 들었다. 시골 마을을 누비던 '떠돌이 영화감독
신지승'. 그는 네온사인 현란한 도시의 밤 속으로 터벅터벅 걸어 들
어갔다.

영화,
'선택'해서 보고
있나요?

씨제이이엔엠과 롯데 엔터테인먼트, 오리온 쇼박스가 영화계에 진출한 지 10여 년. 이 빅3는 한국 영화 매출액의 75퍼센트를 차지했다. 한국 영화 관객 10명 중 7명이 3사의 투자 배급 작품을 관람했고, 50여 개의 투자 배급사 가운데 빅3 영화가 4분의 3에 달한다.

영화 권력이 몇 곳의
대기업에 집중되는 동안
제작자와 감독은 대기업
입맛에 맞는 영화를
만들어야 했고
시나리오 작가는 돈 버는
수단으로 전락한 영화에
푸념을 토해야 했다.
그리고 우리는 다양한
영화를 볼 선택권을
박탈당했다

한국 영화
매출액

빅3
배급사 75%,

11 나도
여자입니다

여성장애인 정윤수

억울하지
않으세요?

비장애인의 날은 없잖아요.
비장애인과 장애인, 다른 게 있나요?
장애인의 날을 정한 것 자체가 '차별'입니다

중증 장애인의
연애와 결혼

정윤수 씨가 사는 서울 신정동의 작은 임대 아파트를 찾았다. 제법 긴 시간이 흘렀지만 아파트 입구 계단을 밟는 순간, 오래전 '장애인 이동권' 관련 취재를 위해 그녀를 찾았던 기억이 또렷하게 되살아났다.

"11년 만인 거 알죠? 그새 저 좀 늙었죠?"

집 앞 마트에서 사 온 사과 봉지를 내려놓으며 말했다. 나의 필요에 의해 찾은 미안함과 거기서 유발되는 어색함을 떨쳐 버리려 조금 높은 톤으로 물었다.

"똑같아요. 어떻게 지냈어요?"

윤수 씨는 얼굴의 온 근육을 이용해 어눌하게 받아 말했다.

"잘 지냈습니다. 윤수 씨는요?"

"그동안 산전수전 공중전까지 다 겪었어요."

어떤 상황에서도 구사되는 그녀 특유의 유머다. 그 문장 하나로 어색함이 감쪽같이 사라졌고 11년 전의 기억이 더 생생하게 살아났다.

"많은 것이 달라졌어요. 정신적으로 성숙했고……."

그러고 보니 윤수 씨 얼굴에 잔주름이 늘었다. 세월이 얼굴에 묻어났다.

그녀가 겪은 '산전수전'과 '공중전'이 무엇이었을까. 지난해 어렵게 번호를 알아내 짧은 통화를 했을 때 들었던 결혼 얘기를 조심스럽게 꺼냈다.

"돌싱이에요. 해 보니 귀찮더라구요. 차라리 애 하나 키우는 게 낫지. 남자는 못 키우겠어요. 허허허. 농담이에요."

윤수 씨는 2006년 꿈에 그리던 결혼에 골인, 5월의 신부가 되었다. 장애인 직업교육을 받던 중, 중도 장애인(후천적 장애인)을 만났다고 했다.

"당시에 나보다 장애 정도가 더 심했어요. 대수롭지 않게 생각했고 조금 도와주면 되겠다 싶었어요…… 아플 만큼 아팠어요. 상처가 아니라 흉터가 남았어요."

윤수 씨는 결혼 생활 중 큰 수술을 받아 '밥도 못 해 주는 상황'이었다고 했다. 힘겨웠던 결혼 생활은 2년을 넘기지 못했다.

비장애인들에게 중증 장애인의 연애와 결혼은 낯설게 느껴진다. 어쩌다 미디어를 통해 접하는 장애인의 결혼식은 현실감보다는 이벤트 쪽에 더 가깝다. 미디어의 작동 원리에 의한 것이겠지만. 비장애인들이 이성에 설레고 연애하고 또 결혼해 자식 낳고 살기를 소망하듯, 이런 자연스런 수순에 대한 소망은 장애인이라 다를 이유는 없다.

"가족이 갖고 싶었어요. 가족이라는 울타리가 너무 갖고 싶었어요. 어릴 때부터 혼자여서……."

이때 친구가 찾아 왔다.

"제가 오지랖이 넓어서 사람이 많이 와요. 하하하."

살아 있는 게
기적이에요

　　　이틀 뒤 약속 시간 오후 2시를 훌쩍 넘겨 3시 30분쯤 찾아 갔다. 윤수 씨의 친구가 놀러 와 있었다.

"늦어서 죄송합니다. 그사이에 다른 일이 생겨가지고⋯⋯."

그녀는 자못 차가운 표정으로 말을 받았다.

"약속을 지키셔야죠. 2시부터 한 시간 인터뷰하고 놀러 온 친구와 시간 갖기로 했었는데⋯⋯."

상황을 웃음으로 때우려다 혼난 것이다.

이날은 외출하지 않는다고 했으니, 늦는 것을 가볍게 생각한 것이다. 편견에 갇혀 있는 나를 발견했다. 비장애인과의 약속이었다면 한 시간 반을 늦을 수 있었는지 자문해 봤다. 민망했다. 윤수 씨는 직접적으로 말하진 않았지만 은연중에 드러나는 나의 편견을 지적하려 했던 것 같다. 다시 미안해하자, 자신은 괜찮은데 놀러 온 친구에게 미안해야 할 일이라고 했다.

"지난번에 어디까지 얘기했죠?"

이틀 전 끊어졌던 얘기를 이어 갔다. 결혼 생활을 끝낸 이유를 다시 설명했다.

"수술하고 난 뒤 내 몸도 못 가누는데 어떻게 다른 사람을 돌보겠어요. 활동 보조인에게 둘 다 봐 달라 할 수 있나요?"

윤수 씨는 마음이 무거워지는지 결혼식 얘기로 화제를 돌렸다.

"결혼식을 예식장에서 했어요. 근데 그게 이슈가 됐어요. 이상한가 봐요. 장애인이 예식장에서 못 할 이유가 있나요. 사람들 인식은 중증 장애인의 결혼은 교회나 구민회관에서 하는 걸로 생각하는 것 같아요. 지금은 몰라도 2006년에는 그랬어요. 매스컴도 난리였어요. 신부 대기실에 (취재진 때문에) 친구들도 들어오지 못했어요."

그녀는 잠시 생각에 잠겼다.

"그런 결혼식이었으니 내가 더 잘 살아야 되잖아요. 2년 만에 헤어져 정신적으로 충격이 컸어요. 사람들이 떠들썩하게 하더니 왜 헤어졌냐고 물어요. 장애인은 자존심이 강하거든요. 결혼 생활에 책임감 갖고 노력했는데……. 남들 입에 오르내려요."

"다시 결혼 계획 없어요?"

가라앉은 분위기를 전환해 보려 물었다.

"글쎄요……."

시간을 두고 말했다.

"안 해요. 연애만 하고 싶어요. 이제 비장애인하고 사귀려구요. 그런 의미에서 소개 함 하시죠? 허허허."

"그럴까요? 찾아볼게요."

"꼭 찾아야 돼요."

그녀가 신혼의 단꿈에 푹 빠졌어야 할 시기에 감당해야 했던 대수술 얘기가 이어졌다.

"살아 있는 게 기적이에요. 수술 성공률이 3퍼센트였어요."

윤수 씨를 태우고 급히 달리던 장애인 콜택시가 공을 잡으려 뛰어

나온 아이를 보고 급브레이크를 밟으면서 택시 안에서 크게 굴렀다. 원래 디스크가 있었던 윤수 씨는 사고 후 대수롭지 않게 여기다 팔이 점점 저리고 목을 가누지 못하는 상태에 이르렀다. 목 디스크 수술만 세 번. 2~7번 경추 사이에 보정물을 넣었다. 예전보다 꼿꼿해 보였던 건 보정물 탓이었다.

"다행히 식물인간은 안 됐고……. 근데 공짜는 없더라구요. 양쪽 팔을 다 못 써요. 혼자 아무것도 못 해요."

책상머리
장애인 정책

선천적 뇌병변 장애를 가진 윤수 씨는 수술 이후 후유증으로 사지 장애 1급 판정을 받았다. 혼자서 할 수 있는 건 왼손으로 마우스 움직일 수 있는 게 전부라는 그녀는 하루 15~16시간 정도 활동 보조인의 지원을 받는다. 같은 값에 중증 장애인에게 올 사람이 드물다고 했다. 혼자서도 어느 정도 움직일 수 있는 장애인의 활동 보조를 선호한다는 말이다. 윤수 씨는 활동 보조인이 눕혀 놓고 퇴근하고 아침에 출근해 다시 일으켜 줘야 할 정도다.

"지난 설에는 활동 보조인이 오지 않아 하루 종일 누운 채로 굶고 있었어요. 평일과 단가가 같은데 누가 오겠어요? 간병인도 명절날은 '따블'이거든요. 명절날 저 같은 사람은 만날 가족도 없잖아요."

하루 종일 옴짝달싹 못하고 눈 뜬 채 천장을 바라보며 죽음의 공포를 느끼지 않았을까. 윤수 씨는 중증 장애인의 활동 보조인에게는 보수도 시간도 더 늘리는 식의 차별화가 필요하다고 강조했다.

"세금은 세금대로 나가고 서비스는 엉망이고……."

현실과 괴리가 있는 책상머리 정책을 비꼬았다.

얘기하는 중에 섞여 드는 윤수 씨의 날카로운 현실 비판에 지레 겁을 먹은 탓일까. 나는 혼나기 전에 먼저 고해성사를 해야 했다. 만나자마자 꺼내지 못한 말이 그제야 떠올랐던 것이다.

"미안합니다. 사실 '장애인의 날'을 앞두고 윤수 씨에게 연락하게 됐네요. 기자의 못된 습성을 용서하세요."

"솔직히 전화 딱 오는 순간 또 4월이구나. 장애인의 날이 다가왔구나, 생각했어요. 다른 기자는 인터뷰 거부했어요. 대우 받으려면 4월 빼고 연락해야 돼요. 하하."

따끔히 지적하면서도 사과는 쿨하게 받아 주는 그녀의 세련된 어법이다. 옛 인연이 작용했으리라.

이어 가지 못했던 결혼 생활과 목숨 건 여러 차례의 수술에 아픔과 상처는 남았지만 그녀를 멈추게 할 순 없었다. 윤수 씨는 2012년에 여행 작가 과정을 이수했다. 최근 출판사에 원고를 넘긴 어엿한 작가다.

"그냥 쓰라면 쓰겠는데 양식에 맞춰 쓰는 게 힘들더라구요. 여행지를 소개하는 글과 사진을 담았어요."

몸이 불편한 그녀가 휠체어를 타고 여행지를 찾는 모습이 쉽게 그려지지 않았다. 사진은 또 어떻게 찍었을까.

"어떻게 쓰셨어요?"

솟는 궁금증에 물었더니 기다렸다는 듯이 대답했다.

"잘~."

대화에는 그녀의 유쾌한 위트가 수시로 끼어든다. 그 타이밍도 절묘하다. '왜? 내가 쓰고 찍는 게 이상한가? 그런 질문 자체가 장애인에 대한 선입견이다.'라는 의미가 스민 듯했다. 내겐 그렇게 들렸다.

"서울의 명소를 직접 다녔어요. 몰라서 그렇지 괜찮은 곳이 많데요."

이동이 쉽지 않았을 것 같아 물었다.

"장애인 콜택시를 이용하셨어요?"

"그거 믿었다간 죽도 밥도 안 돼요. 참을 인자 6개 정도는 그려야 돼요."

윤수 씨는 웃으면서 대답했다.

"지하철을 탔어요."

아파트 인근 오목교역 지하철에도 이제 엘리베이터가 설치돼 11년 전 리프트를 하염없이 기다려야 했던 때보다 이동은 수월해졌다.

"엘리베이터가 설치되고 인근 상가 주인들이 싫어했어요. 장애인들 왔다 갔다 하면 땅값 떨어진다나? 막상 생기니까 좋아하데요. 그걸로 물건도 나르고."

엘리베이터 얘기가 이어지며 윤수 씨의 목소리는 조금 격앙되어 갔다.

"예전에 목동의 한 백화점 맞은편에 지하철과 연결되는 엘리베이터가 밤 10시도 안 돼 잠기는 바람에 오도 가도 못하고 아래에 갇혀 버렸어요. 백화점과 지하철역에 연락해도 서로 책임이 없다며 외면했어요. 심지어 장애인이 행패 부린다고 했어요."

윤수 씨는 '누가 이기나 해보자'며 밤을 샜다. 그리고 경찰을 불렀다. 소동이 있은 후 백화점은 밤 12시까지 엘리베이터를 연장 운행하겠다고 밝혔단다. 윤수 씨는 이도 못마땅해 24시간 운행을 요구하며 싸웠다고 했다. 그녀는 집요하고 깡다구 있는 투사이기도 했다.

청와대를 뒤집어 놓은
장애인 화장실

그녀는 예리한 눈과 집요함으로 장애인 시설 실태 조사원으로도 활동하고 있다. 장애인 이용 엘리베이터를 밤 10시까지만 운영하던 것처럼 비장애인의 시선으로 운영되고 만들어진 장애인 시설을 조사하는 것이 그녀의 일이다.

"약이 오르는 건 시설이 '눈 가리고 아웅' 하는 식이 많아요. 건물 앞 휠체어 경사로를 올라 보면 문턱이 가로막고 있어요. 들어가라는 거야, 말라는 거야? 장애인 표시된 화장실에는 좁은 비장애인 화장실에 손잡이만 달아 놨어요. 설계도상 화장실 규격이 있지만 이를 무시해요. 필요성을 못 느끼는 거지요. 아직 멀었어요. 재밌는 얘기 하나 할까요?"

故 노무현 대통령 시절, 장애인의 날에 윤수 씨를 비롯한 장애인들이 청와대 초청을 받았다. 이날 청와대 화장실에 간 윤수 씨는 장애인 화장실이 없다는 것을 확인하고 여자 경호원을 불렀다.

"청와대에 장애인 화장실이 없는 게 말이 됩니까? 청와대에 없는 장애인 화장실을 다른 곳에서 만들겠냐고요?"

따져 물었다. 당황한 청와대 관계자가 즉시 공사 약속을 했고, 공사 마친 날 "놀러 한번 오시라."고 연락을 해 왔단다. 청와대 장애인 화장실은 윤수 씨가 만든 것이다. 장애인 시설 실태 조사의 최적임자 아니겠는가.

삶이 도전인 윤수 씨는 사이버대학에서 사회복지학을 전공 중이다.

"요즘 학교 과제 때문에 죽겠어요. 워드로 A4 한 장 치는 데 15시간이 걸려요. 엉뚱한 거 누르고 오타도 많이 나요. 시험 한 번 보고 나면 거의 죽어요."

그녀는 틀어진 왼손에 힘을 잔뜩 주고 키보드를 하나씩 하나씩 버겁게 눌렀다. 모니터 상에 영역을 지정하기 위해 왼손으로 오른손을 힘겹게 들어 올려 마우스 위에 걸쳐 놓는 일은 그야말로 극한 노동이었다.

"여섯 과목이나 돼요. 이러니 살찔 시간이 없어요."

너스레를 떤다.

"배워야 정책을 알고, 그래야 바꿀 수 있어요."

그녀가 공부하는 이유다. 뿐만 아니다. 윤수 씨는 평생교육원에 다니며 웃음 치료사, 자원봉사 지도사, 레크리에이션 지도자 등 자격증

'저상 버스는 불편해' 비장애인들이 저상 버스를 보는 시선

저상 버스가 필요한 사람들
- 유모차를 끌고 다니는 부모들
- 어린 아이들
- 노약자들
- 무거운 캐리어와 짐을 날라야 하는 사람들

저상 버스 도입은 비장애인들에게 있어서
'쓸데없이' 공간만 차지하는
비효율적인 정책으로 보일지 모르지만,
사실 저상버스는 우리 모두에게
필요한 교통 수단이다.

을 이미 수두룩하게 따 두었다.

"따 놓고 당장 쓰지는 못해도 내 만족이에요. 살아 있다는 증명이
지요. 그런 거예요."

장애란 그저
'남과 다른 옷'

사진 찍는 날. 특별한 사진을 찍고 싶어 조명까지 준비했
다. 그녀의 임대 아파트 작은 방을 스튜디오처럼 연출할 작정이었다.
촬영을 앞두고 윤수 씨는 거울 앞에서 활동 보조인의 도움을 받아 가
며 볼터치를 하고 눈썹을 그렸다. 이번엔 립스틱을 힘겹게 그러나 정
성껏 발랐다. 립스틱을 바르는 모습은 11년 전 기억을 불러들였다.

당시 '장애인 이동권'을 취재하며 여성 장애인 단체에서 일하는 윤
수 씨를 소개로 만났다. 윤수 씨는 별 볼 일 없는 건달과 장애인의 사
랑을 다룬 영화 〈오아시스〉에서 배우 문소리가 실감 나게 연기한 장
애인의 실제 모델이라고 했다. 문소리는 윤수 씨의 집에서 합숙을 하
며 그의 몸짓과 말을 배웠다. 안방 화장대 위에는 웨딩드레스를 입은
윤수 씨와 영화 속 남자 주인공 설경구의 웨딩 사진이 있었다. 역할
모델의 대가로 윤수 씨가 영화 제작진에 부탁했던 작은 소원이었다.
늘 보던 사진일 텐데 그 사연을 얘기하며 행복해했었다. 지하철을 이

누군가는
장애인이 화장하거나
옷을 차려 입으면 겉멋이라며
아이 대하듯 쉽게 말해요.
장애인이기 전에
예뻐 보이고 싶은
여자예요

용하는 장애인의 불편함을 사진에 담기 위해 윤수 씨의 하루를 동행했다. 외출을 앞두고 윤수 씨가 거울 앞에 앉아 굽은 손에 힘을 주고 립스틱을 발랐다. 물끄러미 바라보는 내게 물었다.

"왜 이상해요?"

"아, 아니요."

서둘러 잡아뗐지만 윤수 씨는 나의 시선을 꾸짖고 있었다. 윤수 씨가 가장 가고 싶어 했던 신촌으로 향하는 길은 고난의 길이었다. 턱이 높은 인도 대신 그녀의 전동 휠체어는 찻길을 이용해야 했다.

"인도 놔 두고 왜 차도로 다녀?"

휠체어에 바짝 범퍼를 댄 차량 운전자는 역정을 부렸다. 비장애인이 30분이면 갈 신촌을 2시간이 넘게 걸려 도착했다. 당시 리프트도 엘리베이터도 없던 신촌역에서 발길을 돌려야 했다. 윤수 씨는 '봐라, 이것이 현실이다.'라고 눈으로 말하며 씁쓸한 미소를 지어 보였었다.

립스틱으로 화장을 마친 얼굴이 거울 속에서 수줍어했다. 외부 강의 나설 때 입는다는 멋진 재킷을 걸쳤다.

"누군가는 장애인이 화장하거나 옷을 차려입으면 겉멋이라며 아이 대하듯 쉽게 말해요. 장애인이기 전에 예뻐 보이고 싶은 여자예요."

셔터 소리와 함께 양쪽에서 번쩍이며 터지는 조명을 어색해했다.

"자, 웃어요."

"웃겨 주세요. 얼굴이 경직돼요."

"괜찮아요. 잘하고 있어요."

작은 승강이가 벌어지며 사진 촬영은 진행됐다. 뭔가 어색했던지 윤수 씨는 방 한쪽에 있던 화분을 옆에 놓아 달라고 했다. 스스로 연출을 시도했다. 꽃을 바라보고 만져 보는 자연스런 모습을 보여 주었다. 웃기지도 못하면서 "웃으세요." 했던 내게 표현한 나름의 저항이기도 했다. 결과적으로 화분은 사진의 구성을 돋보이게 하는 장치이기도 했다. 찍는 틈틈이 사진을 보여 주자 느낌이 다르다며 만족을 표했다.

꽃단장을 한 김에 아파트 인근 안양천 변에 벚꽃 나들이를 나섰다. 10여 년을 살면서 이곳 벚꽃 길을 지나는 것이 처음이라고 했다. 봄바람이 조금 찼지만 윤수 씨 기분은 좋아 보였다.

"지금 가장 하고 싶은 게 뭐예요?"

윤수 씨는 조금 머뭇거렸다.

"웃지 마세요. 한복 모델을 해 보고 싶어요."

의외의 답이었다. 한복을 입고 포즈를 취한 윤수 씨를 떠올려 봤다. '가능할까?'라는 의문보다, 윤수 씨라면 언젠가 할 것이라는 믿음이 먼저 생겼다. 훗날에는 장애인 활동 보조인을 양성하는 학교를 세우겠다는 야무진 꿈도 갖고 있었다.

"오감을 동원해 장애인이 직접 가르쳐야 장애인에 맞는 서비스가 가능하거든요."

이 역시도 언젠가 이룰 것이라 확신했다. 그녀는 비장애인의 편견과 선입견으로는 불가능하거나 무모해 보이는 많은 일들을 현실의 삶으로 끌어들이며 살아왔기 때문이다.

아파트를 나서면서 윤수 씨가 했던 얘기가 귓전에 맴돌았다.

"억울하지 않으세요? 비장애인의 날은 없잖아요. 비장애인, 장애인 다른 게 있나요? 날을 정한 것 자체가 차별입니다. 모든 게 그때 집중되고, 지나면 아무 일도 없었던 것처럼 지내지요."

장애인의 날을 앞두고 그녀를 찾은 나는 얼굴을 들 수 없었다.

"장애란 것은 '옷'이에요. 병이 아닙니다. 우리는 어떤 옷을 입느냐에 따라 달라질 뿐이죠. 난 평생 못 갈아입는 옷을 입은 거구요. 그 옷이란 걸 가지고 날까지 만드는 거, 이상하지 않나요? 그런 장애인의 날은 없어져야 한다고 생각해요."

한 사람이 체감하는 '장애'에 차이와 등급을 매길 수 있을까?

행정 편의를 위해 나뉜 장애등급제

장애인 송국현 씨는 오른쪽 팔과 다리를 사용하지 못했고 언어장애도 있었다. 타인의 도움이 절실했지만 장애 3등급 진단을 받았다는 이유로 활동지원서비스를 신청할 수 없었다.

병원 검사 결과에 따르면, 송 씨는 보행과 휠체어 이동이 불가능했고 발성장애로 목소리 자체가 나오지 않아 일상생활 전 영역에서 활동지원서비스가 필요한 대상이었다. 그러나 장애심사센터는 대면조사 없이 서면으로 이뤄지는 재심사에서 뇌병변장애 5급, 언어장애 3급의 중복장애 3급이라고 판정했다. 송 씨는 2014년 4월 13일 장애인 임시거주 시설에서 발생한 화재에 몸을 피하지 못해 전신 3도 화상을 입은 뒤 나흘 만에 숨졌다.

12 언젠가 우리 모두에게
닥칠 일

혼자 늙어 간다는 것

독거노인 100만 시대

누구도 흐르는
세월을
비껴갈
수
없다

관 속에서
보내는 하루

"광산에 손댔다가 아주 절단 났시유."

옛적에 나무장사해서 돈을 많이 벌었다는 최 할아버지(77)는 꼭 남의 얘기하듯 내뱉었다. 할아버지는 그렇게 사업이 망한 뒤 객지를 떠돌며 살았다.

"면목 없어서 자식에게 연락도 않구…… 혼자 이리 지내지유, 뭐."

홀로 지낸 세월이 35년이다. 사우나를 전전하고 돈 떨어지면 공사장에 가서 신문지 깔고 모기에 뜯기며 지내기도 했다. 살아온 인생의 절반에 가까운 세월을 지난 며칠간의 행적을 더듬듯이 정리했다. 할아버지는 서울역 인근 반 평쯤 되는 고시원에 홀로 살고 있다.

할아버지의 고시원 방은 세간이라고는 벽에 걸린 서너 가지 옷과 이불, 작은 선풍기, 잡동사니를 담은 플라스틱 상자가 전부다. 책상 위에는 몇 종류의 약과 숟가락이 담겨 있는 물 한 그릇이 놓여 있었다. 할아버지는 그 긴 세월 한 번도 만나지 못했지만 자식이 있다는 이유로 기초생활 수급권자로 지정되지 못했다. 노령연금 9만 원이 수입의 전부인 할아버지가 20만 원에 이르는 고시원 방값을 어떻게 내는지 궁금했다.

"이런저런 일을 도와주기도 하고…… (웃으며) 도둑질은 않구……."

애매한 답에 다시 물었다.

"내가 공부를 많이 했시유."

서류 작성이 힘든 주변의 노인들에게 도움을 주고 답례로 조금씩 받는다는 것이다.

"그것도 주면 받고 안 주면 말구……."

그런 식이란다.

"일요일에 교회 가면 오천 원도 주고, 어떤 때는 만 원도 주고 대중 없시유."

노령연금에 일요일 교회를 돌며 받는 돈, 허드렛일을 하며 손에 쥐는 몇 푼을 보태 고시원비 20만 원을 겨우 맞춘다고 했다.

틀니가 잘못돼 씹는 게 영 신통치 않다는 할아버지는 아침과 저녁 식사는 고시원에서 물에 밥을 말아 먹었다. 반찬은 물렁물렁한 것만 가능했다. 할아버지는 '씹는' 게 아니라 '삼키'며 끼니를 때웠다. 점심은 대체로 나가서 해결한다.

이튿날, 서울 종로타워 뒤에서 할아버지를 만났다. 새하얀 긴소매 셔츠에 흰 면장갑을 끼고 머리엔 중절모를 썼다. 손등과 팔다리에 시퍼런 핏줄이 불거지고 살짝만 부딪쳐도 피멍이 드는 피부가 부끄럽다며 무더위에도 이런 차림으로 외출한다. 눌러 쓴 파란색 계열의 멋스런 모자는 지금의 곤궁한 삶과 대비되는 할아버지의 잘나가던 시절, 한창 멋 부리던 화려한 시절을 어렴풋이 상상케 했다. 점심을 먹기에는 조금 이른 시간인 11시쯤 구부정한 할아버지는 잰걸음으로 종로 뒷골목으로 향했다. 한 낡은 건물 앞, 줄지어 선 이들 뒤에 서둘러 섰다. 지하 급식소로 연결된 줄이다. 한 성당에서 운영하는 급식소는 비슷한 연배의 노인들이 부지런히 드나들었다. 늘어선 줄에 50

대 초중반쯤 돼 보이는 남성이 이질적으로 끼어 있었다. 식사를 하고 나오는 노인들이 그를 쏘아보며 한마디씩 던진다.

"부지런히 몸 놀리면 하루에 몇 만원씩 벌 수 있는 것들이……."

혀를 끌끌 찼다. 최 할아버지는 주머니를 뒤져 100원짜리 동전 두 개를 꺼내 장갑 낀 손에 쥐었다. 무료 급식이 아닌 200원짜리 유료 급식이었다. 발 디딜 틈 없이 밀려드는 노인들의 재촉 때문인지 식사 시간은 길지 않았다. 급식소를 나선 할아버지는 약속이 있다며 빠른 걸음으로 종로 인파 속에 묻혔다.

오후 4시가 조금 넘어 고시원으로 돌아온 할아버지는 이른 저녁을 먹고 일찍 이부자리를 폈다. 키가 172센티미터라는 할아버지는 머리를 책상 아래 깊숙이 두고 누웠다. 뻗은 두 다리가 방문에 닿을락 말락 했다. 무례한 얘기지만, 위에서 내려다보는 고시원 방이 꼭 '관' 같았다. 새로울 것 없이 무기력한, 그래서 더 고단해 보이는 할아버지의 하루는 그렇게 마무리가 됐다.

"할아버지, 지금 가장 원하는 것, 절실한 것이 뭐예요?"

못난 애비를 원망하고 살아왔을 자식들이 보고 싶다는 정도의 얘기를 기대했다. 하지만 내 말이 떨어지기가 무섭게 답이 돌아왔다.

"돈이죠. 뭐."

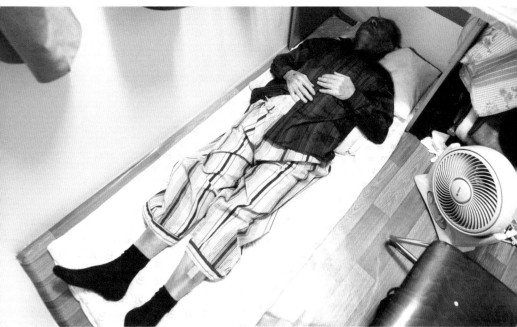

기초생활 수급비 40만 원,
쪽방촌 한 달 방값 22만 원

서울 남대문로 5가 대형 빌딩 숲 뒤 쪽방촌. 위태로워 보이는 계단을 올라가니 고여 있던 텁텁한 공기에 쉰 냄새가 훅 끼쳐 왔다. 깊은 곳에서 무언가 방치돼 썩어 들고 있는 습한 동굴 같았다. 좁은 공간에 방 세 개가 나란히 붙었다. 방 세 개를 이 공간에 배치할 수 있는 기술(?)이 놀라웠다. 방문 밖으로 낡고 허접한 세간이 버려진 듯 널려 있었다. 부스스한 백발의 최 할머니(88)는 누워 있었다. 방 안에 창이 있었지만 손바닥만 한 공간을 밝힐 빛도 받아들이지 못했다. 어둡고 눅눅한 방은 퀴퀴한 냄새로 찌들어 있었다. 공기 속 냄새는 분명 기체의 형태로 떠돌 테지만, 고체처럼 묵직해 손에 만져질 것만 같았다. 사각의 벽을 따라 쌓여 있는 남루한 물건들은 할머니가 누울 공간만 겨우 내주었다.

"자꾸 아파요. 넘어질까 겁이나 외출도 못 해요."

할머니는 웃음인지 고통인지 모를 표정을 지으며 힘없이 말했다. 인근 복지관에서 점심 도시락을 배달해 주지만, 소화가 잘 안 돼 즉석 죽을 따로 사 먹는다. 누워서 손이 닿을 정도의 거리에 도시락과 즉석 단팥죽 세 개가 쌓여 있었다.

"누웠다 일어나서, 죽(즉석 죽 용기) 들어 보고 가벼우면 묵었는갑다, 하고……."

속이 아프다는 할머니는 먹는 것도 썩 즐겁지가 않은 모양이다. 할머니는 기초생활 수급권자다. 매달 40만 원이 통장으로 들어오면 이 누추한 방값으로 22만 원이 고스란히 빠져나간다. 나머지 돈으로 죽 사고, 약값, 병원비를 대며 겨우 생활한다. 이웃 아주머니가 야속한 집주인이 들을세라 조용히 귀띔했다.

"여름에 선풍기 틀면 오천 원, 냉장고 돌리면 만 원을 방값에 더해 받아요."

할머니는 일찍이 부산에서 결혼해 공장을 해 보겠다는 남편을 따라 중국으로 건너갔다. 그곳에서 자식을 낳고 수십 년을 살았고, 그곳에서 남편을 잃었다.

"울기도 마이 하고, 밥도 얻어먹다시피 했어요. 잘살아 보겠다고 가서 고생 쎄가 빠지게 하고……."

할머니는 중국 생활을 정리하고 12년 전에 한국으로 돌아와 혼자 살고 있다.

"여기와 배 안 곯고 지내는데, 이만하면 호강이라요."

중국에서의 굶주림과 고생 때문이었다.

할머니는 얘기하는 중 내게 "어데서 왔지요?" 하며 대여섯 번을 물었고, 중국에 결혼해 가게 된 사연과 고생했던 이야기를 하고 또 했다. 하루의 대부분을 홀로 지내는 외로움에 나의 존재가 잠시나마 위로가 되어서일까.

"찾아와 말만 해도 관심이지요. 고맙습니다. 정말 고맙습니다."

거듭 인사를 했다. 그리고 힘없이 덧붙였다.

"찾아와 말만 해도
관심이지요.
고맙습니다.
정말
고맙습니다."

"목숨이 붙어 있으니까 살아야지요."

밤새
안녕하셨습니까?

문 할아버지(81)는 서울 상계동 무허가 주택에서 홀로 20년을 살아왔다. 문을 밀고 들어갔을 때 할아버지는 거실에 앉아 있었다. 앉은 채로 몸을 천천히 앞으로 숙였다가 세우기를 반복했다.

"몸이 틀어지고 있어. 꽈배기 꼬이듯 꼬여 고통스러워."

뒤틀려 아픈 몸의 균형을 잡고 있는 중이란다. 머리부터 무릎 관절에 이르기까지 꽤 긴 시간과 정성을 들여 지그시 누르기를 반복했다. 할아버지는 당신만의 고유한 시간 체계 속에서 사는 듯, 몸의 균형을 잡으려는 동작들은 아주 느리게 재생되고 있었다.

"'밤새 안녕하셨습니까?'라는 말이 있잖아."

자는 동안 또 자고 일어나는 순간 당신의 몸이 느끼는 극심한 고통을 그렇게 표현했다.

"이부자리에 누우면 몸이 다시 꼬이는 것 같아 종일 앉아서 누르고 주물러."

그것이 하루 일과의 전부였다. 내딛는 양쪽 발의 균형이 맞지 않아 걷기가 힘들고, 그래서 외출을 삼간 지 3년이 됐다. 가끔 병원에 가는 경우를 제외하곤 일체 바깥출입도 없다. 오전 11시쯤 양쪽 무릎 옆을 손으로 지그시 만지던 할아버지가 힘겹게 몇 발짝을 옮겨 대문을 활짝 열어 놓았다. 그리고 한 30분이 흘렀다.

"할아버지 도시락 왔어요."

톤이 높은 여성의 목소리가 들려왔다. 대문 안으로 들어선 이는 대한적십자사 봉사원이다. 봉사원은 점심 도시락을 배달하고 할아버지가 전날 먹은 빈 도시락을 수거해 간다. 홀로 끼니 해결이 쉽지 않은 노인들이 굶지 않도록 식사를 제공하는 것이 1차 목적이지만, '밤새 안녕하셨는지'를 체크하는 것도 봉사원의 몫인 듯했다. 잠깐 안부를 묻고 또 다른 도시락 배달을 위해 서둘러 떠나는 봉사원이지만, 할아버지가 하루 중 가장 기다리는 시간이다. 유일하게 사람을 대면하는 시간이기도 했다. 문을 두드릴 때 열어도 될 터인데, 굳이 30분 전에 대문을 열어 놓는 것은 설렘이고 배려이며 감사다. 고통 속에 지내는 하루지만 이 시간만큼은 깊이 팬 얼굴 주름의 굴곡을 따라 엷은 웃음이 일렁거렸다.

도시락을 받아 든 할아버지는 돌아앉아 밥상 덮개를 대신하는 꼬질꼬질한 파란 비닐을 들췄다. 낡은 밥상에 찌들어 색이 변한 반찬 통 두어 개가 올려져 있었다. 할아버지는 쌀밥과 세 가지 반찬이 앙증맞게 들어앉은 도시락을 열어 말없이 식사를 시작했다. 돌아앉은 할아버지의 실룩거리는 등만 바라보고 있는 게 머쓱해 할아버지의 집을 살폈다. 할아버지가 사용하는 공간은 방과 거실이 전부인 듯했다. 방의 벽과 천장이 만나는 한쪽 꼭짓점에서 대각선 저쪽 모서리로 이어진 줄에 사계절의 옷이 모두 걸려 있었다. TV는 계속 혼자 떠들어댔고 이불은 펼쳐진 그대로다. 파리채, 과도, 휴대용 가스레인지 등 물건들이 이불 옆으로 어지럽게 널렸다. 방문 앞에 걸린 외출용 모자에는 먼지가 뽀얗게 내려앉았다. 방 옆에 딸린 부엌의 가스레인지와 주방 기구들은 앞으로도 사용할 일이 없어 보였다. 부엌 바닥에는 지난 겨울에 아껴서 때고 남은 연탄이 그대로 쌓여 있었다. 할아버지가 가진 것 중 눈에 띄는 재산은 연탄이 전부처럼 보였다. 숟가락이 도시락 바닥을 바쁘게 긁는 소리가 났다. 아침은 차려 드셨다더니, 아닌 모양이었다. 마파람에 게 눈 감추듯, 정말 순식간에 밥과 반찬은 바닥났다. 빈 도시락을 한쪽에 밀어 놓고, 다시 의자에 앉았다. 포만감 때문인지 얼굴이 한결 좋아 보였다.

"젊었을 때 안 해 본 일 없으시죠?"

할아버지의 젊었을 때 얘기를 들어 볼 요량으로 운을 띄웠다.

"('하하 요놈 봐라'하는 표정으로) 잘 봤네."

할아버지는 웃으며 조금 신이 난 얼굴이다.

"남을 속여야 이득 보는 상업 빼고는 다 해 봤지. 이득을 보기 위해 웃돈 받거나 속이는 것은 체질적으로 맞지 않아. 한국전쟁 당시에 입대해 위에서 '누가 할래?'라는 말 떨어지면 웬만하면 손들고 나섰지. 향도(병사들의 대표)도 했어. 이발도 해 보고 별짓 다했지."

그 경험으로 제대 후 이발소를 오래 운영했다.

"날 '정의의 사나이'라고들 했어."

자랑하듯 말 할 때는 한층 더 흥이 난 듯 몸을 곧추세웠다. 애기 중에는 눈을 지그시 감고 옛 기억을 더듬었다. 길거리에서 싸우는 이들을 모두 잡아 경찰서에 인계할 정도로 용감하고 의협심이 강했다.

"재개발 예정지에 살며 전체 1,700세대가 쫓겨나게 생겼을 때 탄원해 개발을 연기했지. 관을 상대로 민이 이긴 거지."

옳지 않다고 생각하는 일은 타협도 없다는 게 좌우명이라고 했다.

"지남철에 쇳가루 붙듯 사람들이 내 주위로 모여들었어."

으쓱해한다.

'지남철에 쇳가루 붙듯…' 같은 멋스런 표현이 할아버지의 말에 신뢰를 보태고 있었다. 그렇게 영웅담 같은 할아버지의 옛 이야기는 한참 동안 이어졌다. 신바람이 나서 얘기하는 동안 할아버지의 얼굴에 고통의 흔적은 사라져 버렸다.

'상처를 건드리는 건 아닐까? 분위기 좋은데 괜한 화를 자초하지 않을까?' 망설이다 자식 얘기를 슬며시 꺼냈다.

"지들 먹고살기도 힘든데…… 물려주지 못해 미안하지……."

자식들의 왕래는 없다고 했다. 거실 구석 장식장 유리 안쪽으로 빛바랜 여성의 사진과 그리 오래지 않은 아이의 컬러사진이 보였다. '딸과 손자가 아닐까' 짐작만 할 뿐 더 이상 물어보지 못했다.

할아버지는 노령연금 9만 원과 6·25 참전 유공자 연금 9만 원으로 한 달을 산다.

"노령 인구는 느는데 늙은이들을 홀대해. 대한민국이 이만큼 살게 된 것, 내 몫도 있잖아. 복지 혜택 충분히 누릴 자격이 있다고 생각해. 이 정부는 말뿐이야."

이번에는 호통을 치듯 목소리를 높였다.

할아버지가 사는 동네는 재개발을 앞두고 있다.

"아파트는 그냥 줘도 못 들어가. 소득이 없으니 관리비도 못 내. 더이상 갈 데도 없고. 이대로 놔두면 살아는 가잖아. 나같이 막막한 사람 또 없지."

긴 한숨을 지었다. 할아버지는 1950년대 군 생활부터 시작해 현재의 삶까지 이어진 인생사를 웃기도 하고 격분하기도 하면서 털어놓았다. 할아버지의 야윈 팔과 손이 조금씩 떨렸지만 그래도 오랜 추억을 되뇌었던 것이 무료한 일상에 변주가 되어 준 모양이었다. 왼발을 살짝 든 채 오른발만으로 균형을 잡던 할아버지가 5초 정도 지나자 넘어지듯 양손으로 문틀을 급히 잡았다. 간이 들썩 내려앉았다.

"할아버지 왜 그러세요?"

"최근에 이렇게 오래 균형을 잡은 적이 없었어."

천진스럽게 웃었다. 옆에 누군가가 있어 말을 섞는 것이 몸에 기운을 불어넣은 것일까. 할아버지를 병들고 나약하게 하는 건 환경이나 나이보다는 오히려 '외로움'이라는 생각이 들었다. 할아버지는 굳어지고 뒤틀리는 몸을 부여잡고 이 밤도 잠을 설칠 것이다.

"일만 시켜줬으면 좋겠구먼."

문 할아버지 집에서 고만고만한 무허가 주택들이 즐비한

언덕을 넘어가면 김 할머니(73)가 산다. 할머니는 까맣게 그을렸고 야위었다. 보증금 500만 원에 월세 5만 원짜리 방은 두 평이 채 안 돼 보였다. 방에 풀지 못한 짐들이 가득하다. 벽을 따라 무너질 듯 쌓인 짐 사이를 비집고 겨우 모기장을 쳐 놓았다. 인근 교회에서 운영하는 무료 급식으로 점심 식사를 한 뒤 돌아온 할머니는 피곤한 듯 누웠다. 컴컴하고 후텁지근한 방이다. 불을 켜고 선풍기를 돌리는 것조차 부담스러운 모양이었다. 할머니는 물건들을 이리저리 밀어 내가 앉을 자리를 마련해 주었다. 더운 것이 할머니 탓이라도 되는 것처럼 얘기하는 동안 내게 계속 부채질을 해 주었다. 괜찮다고, 덥지 않다고, 힘드시니 그만하시라고 말은 했지만, 옷 입은 채로 더운 물에 들어갔다 나온 것처럼 흐르는 땀을 주체할 수 없었다.

"일을 안 시켜줘."

할머니는 근심 가득한 표정으로 다짜고짜 하소연하듯 말했다. 2년 전쯤 복지관을 통해 이틀에 한 번 출근해 담배꽁초를 줍는 일을 했다. 월 20만 원 수입이 생활에 큰 도움이 됐다.

"일거리가 없는지 신청해도 자꾸 떨어져. 얼마 전에 노인 백 명을 뽑는 일자리에 할아버지, 할머니들이 천 명은 넘게 왔더라고. 일거리가 없어요. 아직 걸을 수 있을 때 작은 일이라도 있으면 좋겠구먼……."

할머니는 속상해했다. 할머니는 새벽 6시쯤 지하철이나 동네를 돌며 폐지를 수집한다.

"요즘 폐지 줍는 노인들이 하도 많아 지하철과 동네 골목도 예전

같지 않아. 있으면 가져오고 없으면 그냥 오고……."

신문, 종이 상자, 빈병, 버린 옷가지 등 팔아서 돈 될 만한 것은 무엇이든 주워 왔다. 이를 분류하고 묶어서 대문 앞에 차곡차곡 쌓아 놓았다. 틈틈이 수레를 실어 인근 고물상에 내다 판다. 신문을 가장 잘 쳐준다고 했다. 1킬로그램에 200원 정도. 내다 팔고 손에 쥐는 돈은 500원도 되고 천 원도 된다. 아픈 데가 많은 할머니는 먹는 것이 힘들고 두렵다.

"소화를 못 시켜. 김치는 물에 씻어 씹다가 뱉어 내요. 집에서는 멸치젓에 밥을 찍어 먹어요."

할머니의 머리맡은 작은 약국이었다. 위장약, 소화제, 요통, 치통, 관절염, 안정제, 감기약, 축농증약 등이 빼곡하다.

"별의별 병이 다 있어."

말하면서 짓는 웃음도 아파 보였다. 할머니는 36살에 혼자가 된 뒤 공장에 딸린 식당 일을 오래 했다. 아들이 있지만, 부양할 형편이 안된단다. 노령연금에 폐지 수집해서 몇 푼, 일요일 날 교회 다섯 군데 정도 돌며 천 원, 이천 원씩 받는 것이 수입이다. 방세를 제외하고 대부분을 약값으로 지출한다. 폐지를 줍다가도 힘들면 들어와 누웠다가 다시 나가기를 반복한다고 했다.

"더워도 나가야지요. 그래도 돌아다닐 수 있어 다행이여."

걸어가서 무료 급식이라도 먹을 수 있다는 것만 해도 다행이라는 것이다. 집에서만 지내는 문 할아버지의 얘기를 꺼냈다.

"불쌍한 사람 많아. 살기가 다 힘들어."

가늘고 긴 한숨을 뱉었다. 방을 나서는 내게 더운데 물이라도 한 잔 마시고 가라며 붙들었다. 할머니의 마음이 담긴 미지근한 물 한 잔이 어떤 대접보다 귀했다. 문밖까지 따라 나와 손을 흔들며 고맙다고 인사하는 할머니. 어두운 방에서 본 것보다 더 까맣고 야윈 모습의 할머니를 보니 가슴이 먹먹해졌다.

"수급자도 안 되고…… 일만 시켜줬으면 좋겠구먼……."

할머니의 넋두리 같은 말이 귓전에 따라붙었다.

어르신들을 만난 이후 얼마간 사천 원짜리 커피 한 잔 마실 때면 '최 할아버지 점심 스무 끼구나.' 만 원을 지불할 때면 '야, 이건 쉰 끼네.' 하고 따지게 되고, 회사에 가득 쌓인 신문을 보면 '저 정도면 김 할머니 천 원 벌이네, 이천 원 벌이쯤 되겠지.' 하고 가늠하는 버릇이 생겼다. 회사에 쌓여 있는 신문을 며칠간 모아 김 할머니에게 가져갔다. 차에 싣고 온 신문을 세 번에 걸쳐 대문 앞에 날라다 놓았다.

"아이구, 힘들게 이런 걸 왜……."

이를 지켜보던 할머니의 흐뭇한 미소가 입가에 한참 머물렀다.

서울 곳곳에서 만난 독거노인들은 각기 다른 삶을 살아왔지만, 현재의 삶은 비슷했다. 자식이 있지만 부양하지도, 그렇다고 왕래하지도 않았고, 그런 자녀가 있다는 이유로 기초생활 수급권자로 보호되지도 않았다. 노령연금과 폐지 수집 등을 통해 얼마간의 돈이 생기지만, 방세와 병원비, 약값 대기도 버겁다. 열악한 환경에서 거주하고

우리나라 노인 빈곤율 49.6퍼센트
OECD 평균 12.6퍼센트

우리나라 노인 빈곤율은 무려 49.6퍼센트. 우리나라 전체 빈곤율 13.7퍼센트와
비교해 무려 4배나 높다. 노인들이 가난과 직면한 이유는 무엇일까?

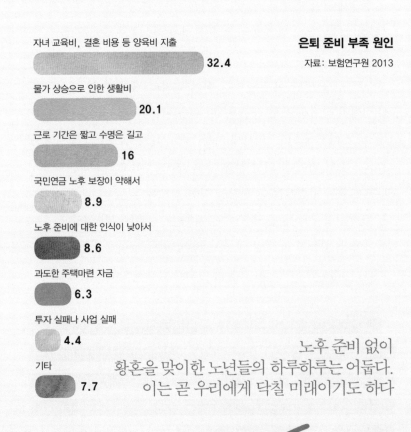

은퇴 준비 부족 원인
자료: 보험연구원 2013

자녀 교육비, 결혼 비용 등 양육비 지출
32.4

물가 상승으로 인한 생활비
20.1

근로 기간은 짧고 수명은 길고
16

국민연금 노후 보장이 약해서
8.9

노후 준비에 대한 인식이 낮아서
8.6

과도한 주택마련 자금
6.3

투자 실패나 사업 실패
4.4

기타
7.7

노후 준비 없이
황혼을 맞이한 노년들의 하루하루는 어둡다.
이는 곧 우리에게 닥칠 미래이기도 하다

먹는 것도 부실하다. 나뭇가지처럼 야윈 몸에는 크고 작은 병들을 마른 잎처럼 매달고 산다. 노인들은 작은 TV를 벗 삼아 몸 하나 겨우 뉠 공간에서 이 무더운 여름을 힘겹게 살아 내고 있었다.

독거노인 100만 시대. 누구도 흐르는 세월을 비껴갈 수 없다.

아이들의 '빈방'

기억한다는 것=질문하길 멈추지 않는 것

소진,
주희,
한솔이는

단원 고등학교
2학년 10반 친구들이다.

함께 수학여행을
떠났던 아이들은 돌아오지 못했고,
아이들이 꿈을 키우던 방은 주인을
잃은 채 덩그러니 남아 있다.

달아나지 않는
세월호의 기억

　　세월호 참사 앞에 나는 사진기자로서 무엇을 기록할 것인가? 또 무엇을 할 수 있나? 거듭 질문을 던졌다. 참담한 사고와 거대한 슬픔은 어떻게 기록될 수 있으며, 기록된 사진은 어떤 의미를 지닐 수 있을까. 참사의 현장에서 나를 포함한 기자들은 '기레기(기자+쓰레기)'라 조롱받았다. 카메라의 폭력성을 고민했고 사진을 담는 데 주저하기도 했다. 이런 순간들이 반복되고 길어지다 보니 무력감에 사로잡히기도 했다. 사고가 일어난 지 석 달이 다 되어 가는 동안 내 안의 부채 의식과 의무감이 또렷해지고 있었다.

　신문 게재를 위한 사진 기획을 준비했다. 세월호가 아닌 것을 찾고 있었다. 두려웠기 때문이다. 하지만 다른 무엇을 떠올리지 못했다. 애써 다른 소재를 찾아봐도 다시 세월호로 돌아오곤 했다. 그런 과정에서 매달리게 된 단어는 '기억'이었다.

　세월호의 기억을 위해 나는 무엇을 할 수 있을까. 피하려 해도 원죄처럼 달라붙는 세월호를 결국 거부하지 못했다. 포기의 유혹과 강행의 의지 사이에서 줄다리기를 하다 불현듯 '아이들의 방'이 머릿속을 스쳤다. 밑도 끝도 없이 떠올린 '방'이었다. 책상에 앉아 공부를 하고 딴청을 부리기도 하며 나름의 꿈을 키웠을 공간이라는 생각에 가닿았다. 사회부 후배에게 부탁해 사고로 희생된 안산 단원고 학생의 어머니 휴대전화 번호를 받았다.

단원고 2학년 10반 다영이의 엄마는 희생된 아이들을 나비로 표현한 작품을 안산의 한 미술관에서 전시하고 있었다. 다영이 엄마를 만나 아이의 꿈을 기록해 남기고 싶다는 뜻을 전했다. "다영이 기사는 여러 번 나와서 부담스럽다."는 엄마는 같은 반 아이들 엄마를 설득해 보겠다고 했다. 앞서 두세 차례 엄마들 설득에 실패했던 터라 다영이 엄마에 기댈 수밖에 없었다.

다음 날, 다영 엄마로부터 전화가 걸려 왔다. 다영이와 같은 반 친구들 엄마들의 전화번호를 줄줄이 불러 주었다.

"얘기 다 해 놓았어요."

엄마의 설득은 아픔을 함께해 온 연대감으로 다른 엄마들에게 훨씬 더 믿음을 줬을 것이다.

"곧 우리 다영이 생일인데 혹시 '샤이니' 사인을 받을 방법이 있을까요?"

통화 끝에 엄마는 아이돌 그룹 '샤이니'의 열혈 팬인 다영이는 사고나기 한 달 전 이들의 콘서트를 보고 왔다고 덧붙이며 물어 왔다. 딸이 가장 기뻐할 선물이 무엇일까를 고민 또 고민해 찾은 답이 아이돌의 사인이었다.

"생일날 다영이 유골함 옆에 사인을 둘까 생각했어요."

사고 이후 경황이 없는 중에도 엄마는 딸이 모아 놓은 샤이니 관련 사진 등 물건이 가득 든 상자를 들고 기획사를 찾아가려 했었다.

"사인 받아드릴게요."

사연을 듣고 덥석 약속을 해 버렸다. 다영 엄마의 도움에 대한 감사의 의미기도 했지만, 엄마의 간절함이 그대로 전해졌기 때문이었다. 어느 누구라도 그 순간에 약속하지 않을 수 없었을 것이다. 한 연예 매체에서 가요 담당을 오래한 친구에게 연락했고, 며칠 뒤 기록적인 속도로 샤이니 멤버들의 사인이 수중에 들어왔다. 샤이니 멤버들은 "다영이를 추모하며 더 열심히 노래하겠다."는 다짐을 사인과 함께 적어 보냈고, 다영이가 특히 좋아했던 멤버 온유가 직접 쓴 편지글도 들어 있었다.

안산에서 다영이 아빠를 만나 샤이니의 사인을 건넸다.

사인을 받아 든 아이의 엄마는 종일 울었다고 문자를 보내왔다. 먼저 가 버린 딸이 가장 기뻐할 선물을 받아 든 엄마의 마음은 어떤 것이었을까. 그렇게 다큐는 시작됐다.

소진이의
방

진도 팽목항에서 욕을 먹던 죄인의 마음으로 조심스럽게 소진이의 집에 발을 들여놓았다. 엄마는 딸아이의 방을 보여 주려 서둘렀다. 불쑥 소진이의 방에 들어갈 염치가 없었고 엄마에게 사진을 담는 의도를 다시 설명할 겸 마주 앉았다. 그리고 소진이에 대해 물었다.

"밑으로 띠동갑 동생이 있어요. 소진이가 키우다시피 했어요."

엄마의 목소리가 떨렸다. 이내 눈물이 고였고 휴지로 눈물을 닦아 냈다.

"제가 일찍 출근하니까 소진이가 동생을 어린이 집에 데려다주고 등교했어요. 일을 쉴 수 있는 상황이 아니다 보니 고2가 돼서 부담이 될 텐데도 동생을 꼭 챙겼어요."

소진이는 수학여행을 가던 날도 동생을 어린이 집에 데려다주었다. 어린 동생을 유난히 챙기는 소진이에게 친구들은 "동생 땜에 니 인생이 없다."고 할 정도였다. 동생을 예뻐하면서도 잘못에 대해 호되게 나무라는 것도 누나의 몫이었다. 동생이 누나의 사고를 아는지 궁금했다.

"사고 이후에 어떻게 말해야 할지 몰랐어요. 아이 이모가 '누나 물에 빠져서 찾으러 갔다'고 말해 줬어요. 막내가 가끔 '소진 누나 보고 싶다'고 하면 '방에 있는 누나 사진 앞에 가서 얘기해'라고 말합니다. 아이는 '말을 해도 (사진 속에) 누나가 아무 말이 없어'라고 해요."

엄마의 눈에 다시 굵은 물방울이 맺혔다.

2학년이 되고 소진이는 엄마에게 "어느 쪽으로 할까, 유치원 선생님은 어떨까?" 하고 진로를 상의해 왔다.

"키 크고 얼굴이 예뻐 주위에서는 모델 해도 되겠다고 했어요. 그런데 동생을 돌보면서 그랬는지 유치원 교사에 대한 적성을 발견한 것 같아요."

소진이 방 책상 위에는 소진이의 사진과 얼굴 그림이 나란히 놓여

"막내가 졸라
종이학을 접어 줬더니
이걸 들고 와
누나의 사진 앞에
가져다
놓았어요."

있었다. 사진 앞에는 두 개의 초가 타고 있었다. 가톨릭 신자인 엄마는 매일 아침 촛불을 켜고 딸을 위해 기도를 올린다. 책상 위에 종이학이 놓여 있었다.

"막내가 졸라 종이학을 접어 줬더니 이걸 들고 와 누나의 사진 앞에 가져다 놓았어요."

어린 동생은 '누나의 부재'를 알았을 것이다. 사진 속 말없는 누나가 빨리 돌아와 어린이 집에 바래다주길 바라는 마음이 종이학에 오롯이 담겼을 것 같다. 엄마는 소진이의 교과서와 일부 짐을 정리했지만 딸을 느끼고 추억할 수 있는 것들은 제대로 버리지 못했다. 엄마는 얼마 전 소진이의 중학교 친구들이 소진이를 추억하며 함께 찍은 기념사진을 보여 주었다. 친구들은 소진이를 포함해 세월호 사고로 희생된 세 친구의 얼굴 사진이 든 액자를 가슴에 안고 기념사진을 찍었다. 아이들의 표정이 밝았다. 내 소중한 친구와의 추억을 예쁘게 간직하겠다는 의젓한 다짐으로 비쳤다. 만일 사진 속 친구들이 슬픈 표정을 지었다면 참 아프게 읽힐 사진일 텐데. 사진을 들여다보던 엄마의 눈시울이 빨개져 있었다. 엄마는 막내가 어린이 집에 가서 써 온 글을 꺼내 보여 주었다. 이제 겨우 흉내 내 쓰기 시작한 삐뚤빼뚤한 글이다.

"소진이 누나 사랑해."

엄마는 솟는 눈물을 수시로 찍어 냈다. 소진이 방을 카메라에 담는 동안 뒤에 선 엄마의 흐느낌이 전해졌다. 적어도 지금 이 순간 엄마를 눈물짓게 한 것이 내 탓이라 어쩔 줄 몰랐다. 한편 엄마의 감정을

9 · 11 테러 유가족들의 외상 후 스트레스 증후군 치료는 10년 이상이 걸렸다

세월호 피해자들의 안정적이고 장기적인 심리 치료를 위한 '국립트라우마센터' 설립이 무산되었다. 안산정신건강트라우마센터와 정신보건센터를 통해 피해자들의 검사와 치료를 지원하고 있지만 이는 5년(2020년 3월 28일)까지만 가능하다.
국가 재난으로 인한 트라우마 피해자들을 장기적으로 지원할 수 있는 시스템이 절실하다.

방해할 수 없어 카메라에 얼굴을 묻고 최대한 천천히 셔터를 눌렀다. 유치원 교사의 꿈을 키웠던 소진이의 방을 사진으로 기록해 소진이가 오래 기억될 수 있었으면 좋겠다. 그게 '사진밥' 먹는 기자의 일이라는 생각이 들었다. 소진 엄마에게 쉽지 않았을 취재 허락에 거듭 감사의 말을 전했다. 엄마는 오히려 나의 관심에 고마움을 전했다. 집을 나서며 소진이가 피우지 못한 꿈을 생각하니 가슴이 아파왔다.

주희의
방

주희의 집은 세월호 정부 합동 분향소와 가까웠다. 비슷비슷한 아파트 단지에서 주희의 집을 찾아 걸어가는 동안 주희 엄마를 마주하면 무슨 말부터 꺼내야 하나, 고민됐다. 단어와 문장을 바꿔 가며 머릿속에 말들을 떠올려 보았다. 벨을 누르는 순간까지 적절한 인사를 찾지 못했다. 망설이다 벨을 눌렀다. 문을 열어 맞아 주는 엄마의 표정이 어둡지 않아 조금 마음이 놓이긴 했다. 생각이 많았던 탓일까. 입이 떨어지지 않았다. 자식 잃은 엄마의 심정을 어찌 헤아리겠는가. '이해한다'는 말이 얼마나 부질없으며, '위로'라는 단어가 얼마나 초라하고 무용한 말인가. 크나큰 고통과 상실감 속에 하루하루를 견디고 있을 엄마에게 어떤 말들이 적절한지 찾아내지 못한 채 허둥댔다. 말이 상처가 될까 주저했다.

"어떻게 무슨 말부터 해야 할지 모르겠습니다."

"괜찮아요. 편하게 얘기하세요."

주희 엄마는 그 마음을 알고 있다는 듯 희미하게 미소를 지었다.

기자로 또 한 아이의 아빠로 책임감과 미안함으로 시작한 사진 기획이라며 취지를 밝혔다. 방을 통해 아이의 꿈을 보여 주고 싶다는 말도 덧붙였다. 엄마의 눈빛은 벌써 주희에 대한 기억 속으로 빠져들고 있었다.

"주희는 어떤 아이였습니까?"

"우리 주희는 그저 평범한 아이였어요."

엄마는 주희의 기억을 하나씩 떠올렸다.

"주희는 오로지 엄마밖에 모르는 '마마걸'이었어요. 학교에서도 학원에서도 늘 전화했고, 엄마가 걱정할까 학원에 가도 귀가 시간 10시를 넘긴 적이 없어요."

딸이 전부인 엄마는 어려서부터 주희를 떼 논 적이 없었다고 했다.

"주희는 과학을 좋아해서 학교 대표로 경연대회에 나가곤 했어요. 그림도 잘 그리고, 글짓기도 잘했어요. 초등학교 때부터 줄곧 반장이었어요."

'평범한 아이'라고 시작한 얘기는 이미 '비범한 아이'로 바뀌어 갔다.

"자퇴하려는 친구를 두 달여 동안 설득해 학교를 계속 다니게도 했어요."

정 많고 따뜻한 '의리파 주희'였다. 하나뿐이던 딸, 다재다능했던 딸과의 추억 여행에 빠진 엄마는 주희의 모든 자랑을 기억에서 끄집

어냈다. 끼가 많았던 주희는 또래들처럼 연예인이나 가수가 되고 싶어 했다. 하지만 엄마는 안정된 직업을 갖길 원했다.

"주희는 자기가 하고픈 꿈은 접고 의사가 되어 엄마의 고생을 덜어 주겠다고……."

딸 얘기에 잔잔한 미소로 일관하던 엄마가 갑자기 무너졌다. 울면서 거실에 놓여 있는 주희의 사진을 바라봤다. 한참 동안 아무것도 물을 수 없었다.

주희의 방은 책상과 책장, 침대만으로 가득 찬 작은 방이었다. 엄마는 책상 위나 책꽂이, 서랍 등에 든 딸의 물건에 거의 손을 대지 않았다. 주희의 흔적이 지워지면 자신의 전부가 사라진다고 믿었을까. 침대 위에는 주희의 사진이 거실을 향한 채 틀어져 있었다. 엄마가 거실을 오가며 언제든 볼 수 있도록 둔 것이다. 사진 옆에 주희가 안고 잤을 것 같은 인형들을 두었다. 책상 위에는 수학 참고서, 경연대회 출품작, 주희가 그린 만화 캐릭터 등이 가지런히 놓여 있었다. 의자 등받이에는 주희의 체육복이 걸렸고 뒤로 보이는 책꽂이에는 태권도 띠와 트로피가 보였다.

"태권도도 좋아했나 봐요?"

트로피를 가리키며 말했다.

"중학교 올라가면서 못하게 했어요. 지가 좋아하던 걸 못하게 한 게 후회돼요."

엄마의 목소리는 순식간에 젖어 들었다.

"얼마 전에 우연히 발견했어요."

주희의 상장들을 모은 스크랩북 맨 앞 페이지를 열어 연습장 종이를 가리켰다. 엄마 이름을 한자로 반복해서 써 놓고 그 옆에 알록달록하게 "엄마 사랑해."라고 써 놓았다. 엄마 생각하며 연습장에 끄적거린 낙서에 엄마는 또 눈물을 글썽였다. 엄마가 딸이 표현한 자신에 대한 사랑을 우연히 확인한 순간의 감동이 그려졌지만, 곧 그만큼의 슬픔도 짐작할 수 있었다.

딸을 가슴에 묻고 홀로 된 엄마는 우울증과 공황장애를 앓고 있다고 했다. 사진을 찍는 동안 이것저것 보여 주며 딸의 흔적을 확인한 것은 동시에 딸의 부재를 확인하는 고통스런 일이었을지도 모른다. 슬픔을 상기시키는 지금 이 순간의 나의 일은 얼마나 잔인한가. 주희 엄마의 건강을 걱정해 요즘 함께 지낸다는 주희의 외할머니는 엄마를 향해 안타깝고 간절한 목소리로 "이제 잊어라, 잊어야 살지." 하고는 곧 "하기야 잊을 수가 있나……." 하고 깊은 한숨을 지었다.

주희는 참 멋진 아이라고 하자 주희 엄마의 얼굴에 흐뭇한 미소가 번졌다. 주희가 하늘에서 엄마 건강을 바랄 거라며 건강을 당부하고 현관을 나서는데 나도 모르게 한숨과 눈물이 솟았다.

한솔이의 방

한솔이의 집 현관에 들어서자 바로 맞은편 열린 방문 사이로 책상이 눈에 들어왔다. 한솔이의 방일 거라 짐작했다. 책상 위 웅크린 고양이 한 마리와 눈이 맞았다. 나에 대한 경계인지 고양이는 일어나 바닥으로 사뿐히 뛰어내렸다. 한솔이 엄마와 거실에 마주 앉았다. 낮 시간에 한솔이 아빠도 집에 있었다.

"아이 아빠가 다시 출근했는데 주위 사람들의 과도한 관심이 오히려 부담스럽고 힘이 들어 하루 회사 갔다가 다시 쉬고 있어요."

설명이 필요했는지 한솔 엄마가 먼저 말했다. 고양이가 내 옆을 왔다 갔다 하며 다리춤을 꼬리로 툭툭 건드렸다.

"라온이에요. 한솔이가 2년 전에 새끼 고양이를 데리고 와 키웠어요. 티격태격하며 잘 지냈는데…… 한솔이가 남긴 선물이에요."

얘기 중에 엄마와 아빠는 고양이가 앞을 지날 때마다 쓰다듬었다.

"어릴 때부터 많이 못 해 줬어요. 살기 바빠 돌 지나 바로 어린이집에 보냈어요. 해 준 게 없는데 잘 컸어요."

엄마가 눈물을 찍어 내자 저만치 떨어져 앉은 아빠는 방바닥을 향해 길게 한숨을 뱉었다.

"우리 한솔이는 하고자 하는 것에 욕심이 많았어요. 반에서 1등도 여러 번 했어요. 노력파였지요. 잘 놀고 할 건 다하면서 공부도 잘해서 친구들이 '재수 없다'고 할 정도였어요."

엄마는 허공에 시선을 둔 채 아이에 대한 얘기를 이어 갔다.

"수학여행 며칠 전 아빠 생일이라 한솔이랑 아빠 반지를 보러 갔었어요."

엄마는 생활이 어렵던 시절, 팔아 버린 한솔이 아빠의 반지가 늘 맘에 걸려 다시 반지를 해 주려 돈을 모아 왔다고 했다.

"돈이 좀 모자랐는데 한솔이가 아꼈던 용돈을 보탰어요."

그때 주문한 반지는 한솔이의 49재가 지난 뒤 아빠의 손가락에 끼워졌다. 등교하기 바빠도 아빠 모닝커피 한 잔 타 드리고 학교 가던 효녀 한솔이가 남긴 선물이 아빠의 반지다. 아빠는 손에 낀 금반지를 만지작거리며 다시 젖은 한숨을 토해 냈다.

"이 방은 날라리부터 모범생까지 한솔이 모든 친구들의 아지트였어요."

엄마는 한솔이 방을 안내하며 딸의 사교성을 자랑했다. 한쪽 벽에는 한솔이의 교복이 너무도 자연스럽게 걸려 있었다. 주인 없는 옷이 주인의 부재를 더 아프게 했다.

"49재 때 옷가지를 대부분 태웠는데 교복은 태울 수 없었어요. 고등학교 들어가면서 한솔이는 교복이 참 예쁘다고 했거든요."

수학여행 가기 한 달 전에 들여놓은 한솔이의 새 침대 위에 엄마는 딸의 흔적들을 꺼내서 올렸다. 그중 하나는 한솔이가 남자 친구에게 선물했던 100일 기념 앨범이었다. 한솔이 발인 전날에 남자 친구가 엄마에게 자기가 가지고 있을 게 아닌 것 같다며 이 앨범을 건넸다. 정성이 가득해 헤어지고도 간직해 왔다는 말과 함께. 한솔이는 100일 동안의 만남을 쓰고, 그리고, 붙이고, 꾸며서 앨범에 정성껏 담았다.

"이렇게 예쁘고 설레는 사랑을 하고 가서 다행이라는 생각도 들어요."

4·16기억저장소

2014년 4월 16일 이후 세월호 참사를
기억하고 기록하기 위하여 활동한 안산
시 시민기록위원회, 세월호를 기억하는
시민네트워크, 서울시 추모 기록 자원봉
사단이 활동을 모아 시작된 4·16가족협
의회 소속의 조직이다.

4·16기억저장소는 세월호 참사와 같은
비극이 다시는 반복되지 않도록 우리 모
두의 마음 속에 4월 16일을 '사회적 기
억'으로 각인시킨다.

진정한 애도란
'기억'하는 것.
정말 애도한다는 것은
이 사태를 불러온 시스템에
대한 비판과 성찰을 놓지
않는 것이다

엄마는 미소를 지었다. 엄마는 한솔이 친구들이 핸드폰에 담아 두었던 딸의 사진을 현상해 꼼꼼하게 앨범에 정리해 두었다. 앨범 사진은 꼬마 한솔이에서 중고생 한솔이로 훌쩍 건너뛰고 있었다. 사진 속 입은 옷에도 사연이 있는 듯 딸의 사진을 손으로 쓰다듬으며 눈을 떼질 않았다. 어느새 고양이 라온이는 한솔이 책상 컴퓨터 모니터 앞에 웅크리고 앉았다. 한솔이가 컴퓨터를 쓰는 동안 열로 따뜻해진 모니터 앞에 그렇게 앉아 있던 버릇이다. 이 방 안의 모든 장면은 4월 15일의 장면일 수도 있을 것이라 생각했다. 하지만 빈 의자의 주인만 없는 그런 아프고 아픈 장면이었다.

한솔이는 간호사의 꿈을 키웠다.

"엄마, 걱정 마세요. 대학 병원 간호사 돼서 돈 벌어 큰 집 사 줄게. 엄마."

한솔이의 말을 옮기는 엄마의 목소리가 크게 흔들렸다. 엄마의 고생을 지켜본 착한 딸의 어른스런 말이 묵직하게 가슴을 치는 것이다.

"아직 실감이 안 나요."

사진첩을 넘기던 엄마는 고개를 저으며 울먹였다.

고양이를 안고 으르기도 하면서 방 밖에서 배회하던 한솔이 아빠는 인사하고 집을 나서려는 내게 휴대폰을 내밀어 몇 장의 사진을 보여 주었다. 사진 속에 아이들은 기울어진 세월호의 벽에 기대거나 선반의 모서리를 잡은 채 버티고 있었고, 그 옆 외부로 향해 열린 문에서는 바깥의 햇살이 강하게 쏟아져 들어왔다. 아빠의 숨이 거칠어졌다.

"나오라는 말만 했어도……."

딸을 너무나 사랑했던 아빠의 응축된 분노가 눈물이 되어 흘러내렸다.

소진이와 주희, 한솔이는 단원고등학교 2학년 10반 친구들이다. 함께 수학여행을 떠났던 아이들은 돌아오지 못했고, 아이들이 꿈을 키우던 방은 주인을 잃은 채 그렇게 남아 있었다.

14 소외된 마지막
한 명까지 보듬다
야학

교육 수준이 높아졌지만
보이지 않는 곳에
교육으로부터 소외받는
이들이 여전히 많아요

야학이 교육에서
소외된 마지막 한 명까지
보듬어야 하며
그것이 야학 존재의 이유입니다

늦깎이 학생들의
교실

　　　　새 학년, 새 학기가 시작하는 3월에 '야학'이라는 곳을 문
득 떠올렸다. 야학이란 곳이 여전히 존재하고 있을까. 존재한다면 어
떤 모습일까. 요즘 뒤늦은 배움에 목마른 이들은 누구일까. 그런 궁금
증으로 야학을 수소문했다.

　서울 천호동. 시장을 가로지르는 걸음이 분주하다. 어둠 사이에서
들려오는 발걸음 소리는 가볍고 경쾌했다. 상인들이 팔던 물건들을
안으로 들이며 하루를 마감할 시간, 불빛 아래 모습을 드러낸 이들은
'아줌마'들이다. 급한 걸음이 멈춘 곳은 허름한 다가구 주택 지하였
다. 제때 배움의 기회를 누리지 못한 이들이 늦깎이 학생들이 되어 공
부하는 곳 '강동 야학'을 찾았다.

　수업 시간보다 일찍 등교한 학생들의 잡담과 웃음이 교실 밖으로
흘러나왔다. 야학 교장 선생님을 기다리며 교실 안의 모습을 머리에
그렸다. 곧 남기송 교장 선생님이 야학으로 들어섰다. 서울시 공무원
인 그는 2000년부터 이 야학에서 가르쳐 왔다고 했다.

　"교사를 하면서 조금 더 체계적일 필요성을 느껴서 직접 교장을 맡
았어요. 구청 지원금과 개인 후원금, 일일호프 등의 수입으로 운영하
고 있어요. 임대료 같은 실질적인 지원이 없어서 여전히 어려운 상태
입니다. 지난 15년 동안 150여 명의 졸업생을 배출했어요."

운영의 어려움도 있지만 자부심이 느껴졌다. 41명의 학생 중 대부분이 4~50대 주부들이고 22명의 교사는 직장인과 대학생으로 구성돼 있다. 중학교, 고등학교 과정이 각 1개 반씩, 저녁 7시부터 10시 20분까지 수업이 진행된다. 곧 본론으로 들어갔다.

"전화로 말씀드린 것처럼 며칠 동안 드나들면서 사진을 좀 찍겠습니다."

허락을 구했더니 예상과 다르게 교장 선생님은 난처해했다.

"취지는 좋은데, 얼마 전 한 방송사가 취재와 정신없이 헤집고 간 뒤로 다시 설득할 염치가 없어요. 얼굴 나가는 걸 싫어하거든요."

설득은 나의 몫이라는 얘기다. 교장 선생님의 권위에 기대서 좀 쉽게 가 보려다 찬물 한 바가지 뒤집어쓴 듯 정신이 바짝 들었다.

2교시 수업이 시작되기 전, 마음을 다잡고 교실로 들어섰다. 서너 평쯤 될까 싶은 교실에는 자투리 공간도 허락하지 않고 책걸상이 빼곡히 들어차 있었다. 자리를 차지한 학생 대부분은 다 큰 자녀를 뒀을 법한 나이의 주부들이다.

"안녕하세요?"

톤을 높이고 만면에 웃음을 머금었건만, 눈치 빠른 주부들은 이미 다른 곳으로 시선을 피하고 있었다. 굴하지 않고 용기 내 주절주절 설명을 시작했다.

"잊히고 있는 야학이지만…… 늦은 공부를 하는 분들의 열정을 카메라에 담고 싶습니다. 잘 부탁드립니다."

잠깐의 침묵이 참 길게도 느껴졌다. 오른쪽 어깨에 걸고 있던 카메라가 눈에 띄었는지 몇몇 주부는 책으로 얼굴을 가렸다.

"얼굴 나가면 안 되는데……."

"싫어요, 무슨 자랑이라고……."

달갑지 않다는 반응들이 여기저기서 들려왔다. 거부도 일종의 관심이라 치자. 무반응은 어떤 의미로 받아들여야 하나 난감했다.

"싫으신 분 얼굴은 안 나오게 하겠습니다. 그리고 찍은 사진을 미리 보여 드리겠습니다."

간절하게 애원했건만 반응이 없다. 애원은 공허했다. 묵직하고 시커먼 무기 같은 카메라를 든 나는 절대 환영받을 수 없는, 영락없는 침입자였다. 웃음의 교실을 한순간에 침묵의 도가니로 만들었으니. 나름 예의를 갖춘 조심스러운 접근이라 생각했지만, 돌아오는 반응은 예상보다 완고했다. 가야 할 길이 아득했다. 거리를 좁히고 마음을 얻기 위한 시간이 필요했다. 물론 시간이 모든 것을 해결해 준다는 보장은 없다.

어린 교사, 삶에
노련한 학생

매일 밤 야학으로 등교했다. 교무실에 앉아 계단을 내려서는 발걸음 소리에 귀를 쫑긋 세운다.

"타닥, 타닥……."

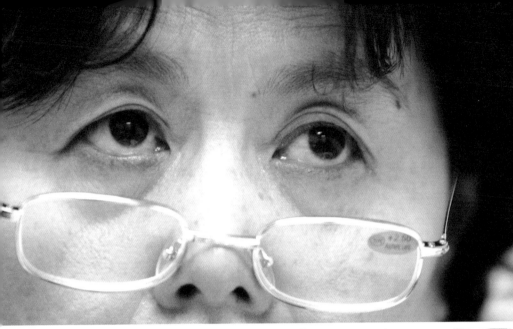

279

야학을 아시나요?
한 시절, 교육에서 소외된 사람들을 위해
불을 밝힌 학교

재건학교, 새마을야학, 향토학교, 직업청소년학교, 공민학교 등의 이름으로 청소년에게 교육의 기회를 제공. **1960년대**

산업화 과정에서 도시의 가난한 노동자들과 빈민층에게 교육의 기회를 제공. **1970년대**

민주화 운동, 학생 운동의 영향으로 야학이 가장 많이 설립되었던 시기. 교육의 기회를 누리지 못한 공장 노동자들, 빈민층에게 공부를 이어 나갈 수 있는 유일한 버팀목을 제공. **1980년대**

2000년대 장년층, 노년층, 장애인을 대상으로 의무교육과 평생교육, 인권운동을 목적으로 개설.

시대에 따라 다양하게 존재했던 야학. 야학은 배움의 욕망을 간직한 사람들을 다시 일으켜세운 교육의 터였다

계단을 내려서는 발걸음은 신바람이 묻어 있다. 문이 열리자 해맑은 표정의 주부들이 쏟아져 들어왔다. 하루의 4분의 3이 지난 시간, 어디서 그런 여유와 즐거움을 모아서 온 것일까. 문이 열리면 빤히 마주 보이는 곳에 서서 주부 학생들의 표정과 비슷한 모양의 표정을 지으며 꾸벅 인사를 했다. 얼굴을 익히는 게 급선무다. 마음을 얻는 과정의 절반은 눈도장이리라. 딱히 다른 방법이 없었다. 요일마다 과목마다 바뀌는 야학 교사들의 '누구죠?' 하는 시선에 일일이 소개하고 설명을 곁들였다. 이렇게 된 이상 당분간 사진에 대한 집착은 버리자. 카메라를 복사기 뒤쪽 보이지 않는 곳 깊숙이 묻었다. 카메라를 꺼리는 학생들에 대한 배려보다는 오히려 내 눈앞에 카메라가 띄지 않는 것이 더 중요했다. 카메라를 들지 않았더니 오히려 눈앞에 펼쳐지고 있는 야학의 모습이 작은 것까지 하나하나 눈에 박혀 왔다. '카메라를 들어라!' 내 안의 속삭임을 이를 악물고 외면했다. 사진을 업으로 하는 자에게 이처럼 답답하고 안타까운 순간이 있을까. 기다림의 고통(?)도 기꺼이 즐겨야 했다.

감히 교실로 들어갈 용기를 내지 못하고 교실 밖에서 어슬렁거렸다. 야학의 교실 밖은 바로 교무실이자 휴게실이었다. 쉬는 시간이 되면 다시 마주치는 눈길마다 눈을 맞추고 인사를 했다. 기왕 이리 된 거, 뭐 도움 될 일 없을까 하다가 수업 자료 복사와 정리에 손을 대기 시작했다. 등교의 또 다른 의미를 찾았다. 사흘, 나흘 시간이 지나면서 복사가 손에 익었고 인사가 자연스러워졌다.

"또 왔어요? 커피 한잔 하세요."

주부 학생들의 마음에 나의 존재가 인정되고 있었다. 그저 고마웠다.

"오랜만이네요. 일이 아직 안 끝났어요?"

며칠 만에 갔더니 일에 대한 관심까지 보여 왔다. 정말 고마웠다. 카메라를 들어야 할 시점이었다.

"전부 읽어 오셨죠?"

"예에~."

자식 또래 교사의 물음에 엄마뻘 되는 학생들이 콧소리를 섞어 우렁차고 길게 답했다.

"오늘 시험 보는 거 아시죠?"

"예."

시험이란 말에 즉시 작아지는 목소리. 시험이 싫은 것은 남녀노소 다를 수 없다.

"어머님 안경 새로 하셨네요."

과학 과목을 담당하는 배혜영 교사가 수업 중에 불쑥 관심을 보였다.

"네, 호호호……."

교사의 섬세함에 주부는 돋보기안경을 추켜올리며 천진한 아이 같은 표정을 지었다.

"자, 이거 중요합니다…… 어떻게요? 네? 네, 맞습니다. 좋습니다. 백 점입니다."

에너지 넘치는 배 교사의 목소리가 작은 교실에 쩌렁쩌렁 울렸다. 수업 중간중간 섞는 교사의 재치 있는 유머에 웃음이 폭발한다. 얇은

벽을 사이에 둔 옆 교실의 학생들도 수시로 이 웃음의 대열에 합류했다. 열정적인 교사와 적극적인 학생들 사이의 수업은 이상적인 '쌍방향'이었다. 수업은 흥겨운 대화였다. 장단을 맞추듯 주거니 받거니 추임새를 섞어 가면서 덩실덩실 어깨춤 추듯이 흘러갔다. 교사가 지문의 이해를 돕기 위해 꺼낸 얘기에 질문과 답이 꼬리를 물고, 얘기가 또 연관된 얘기를 보탰다. 수업은 전혀 다른 방향으로 흐르다가도 곧 제자리로 돌아오곤 했다. 어색하지도 생뚱맞지도 않고 자연스럽다. 고달픈 삶 속에서 터득한 소중한 경험과 지혜가 멋진 수업 교재였다. 세상 경험이 부족한 어린 교사들이 삶의 노련미를 체득한 학생들에게 배움을 주는 만큼 배움을 얻고 있었다.

한 주부가 허겁지겁 교실 문을 열고 들어와 자리에 앉았다. 얼마나 급하게 왔는지 자리에 앉고도 거친 숨이 진정되지 않았다. 몸에 딸려 온 바깥의 찬 기운이 주위에 한참동안 머물렀다. 가방에서 책을 꺼내 펼치고는 또 다른 가방 하나를 책상 옆에 조심스레 내려놓았다. 대파가 고개를 삐죽이 내밀고 있었다. 장바구니였다. 장을 보고 오느라 늦은 것이다. 직장에서 일을 끝내고 수업 시간에 쫓기며 시장 상인을 보채는 모습을 상상했다. 급했던 마음이 진정이 되는지 볼에는 홍조와 미소를 띤 채 수업에 빠져들었다. 직장 생활과 늦은 공부에 집안 살림까지 챙기는 말 그대로 '억척'의 아우라가 느껴지는 '대한민국 아줌마'였다.

공부하는 엄마가
자랑스럽다

늦깎이 학생들의 때늦은 공부에는 사연이 없을 리 없다.

"초등학교 때 꿈은 선생님이었지만, 어려운 살림에 7남매를 낳아 키운 부모님은 딸을 가르칠 생각이 전혀 없으셨어요. 중학교 진학을 못한 게 정말 한이 됐어요."

중학교 과정인 가람반 유명숙 씨(55)가 털어놓았다. 미소 위로 오랜 아픔이 스쳤다. 긴 세월 가슴 깊이 묻고 살았을 그 한과 꿈은 머리카락에 서리가 내려앉은 나이의 그녀를 야학으로 끌었다. 유 씨는 지난 1년 동안 단 한 번도 결석이 없었단다.

"저는 페인트 프리랜서예요. 호호호……. 일 있는 날은 일하고 일 없을 땐 하루 종일 공부해요. 딸이 공부하는 엄마를 자랑스러워하고 응원해 줘서 행복합니다. 대학 가서 사회복지를 공부해 봉사하며 살고 싶어요."

말을 하는 순간의 그녀는 그렇게 행복해 보일 수 없었다.

유 씨의 단짝인 이정애 씨(51)도 사정은 비슷했다.

"가난 때문에 스스로 중학교 진학을 포기했어요. 아이가 대학 졸업하는 날 쏜살같이 달려와 바로 야학에 등록했어요."

자신을 돌아볼 시간도 없이 휩쓸리듯 흘러온 삶에서 좀처럼 낚이지 않던 희열을 바로 이 강동 야학에서 체험하고 있었다.

"살면서 자신감이 생겨요. 그간 움츠렸던 어깨도 쫙 펴고 살지요.

즐겁고 신이 납니다."

표정이 더 신이 나 있었다. 두 단짝은 "영어와 수학이 너무 어려워요." 하며 엄살을 부렸다. 이 씨가 가방에서 주섬주섬 무언가를 꺼낸다. 손때가 까맣게 묻어 닳고 닳은 종이 한 뭉치가 나왔다. 종이엔 영어 단어가 빼곡히 적혔다. 어렵고 싫다고 포기하거나 피하지 않고 종이가 너덜너덜해질 때까지 읽고 쓰고 외웠다. 고단한 인생살이라는 강도 그렇게 견디고 이겨 내며 건넜으리라.

연필, 볼펜, 형광펜을 번갈아 쥐고, 돋보기를 썼다 벗었다 수도 없이 반복하며 필기하고, 대답하고, 묻고, 웃으면서 수업 시간은 훌쩍 지나간다. 리듬을 타며 달리던 수업은 그 관성을 멈추기가 힘들어 시간을 넘기기 일쑤다.

"땡땡땡땡."

다음 수업을 앞둔 교사가 교실 밖에서 종을 울려 수업의 끝을 알렸다.

야학을 찾은 마지막 날. 약속대로 그간 찍었던 사진을 골라 쉬는 시간에 내보였다. 우르르 모여들었다.

"언니, 너무 잘 나왔다."

"얼굴이 너무 크게 나왔어요."

"전문가라 다르네."

호기심에 눈들이 반짝반짝했다. 교실은 까르르 웃음바다가 됐다.

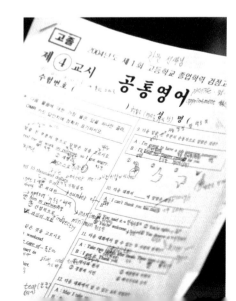

인사를 하고 교실을 나서는 내게 학생들은 "고생했다.", "고맙다.", "놀러오라."며 정을 담아 따뜻한 말을 건네 왔다.

주부들은 검정고시를 코앞에 두고 있었다.

"시험 잘 치세요. 응원하겠습니다"

늦깎이 공부로 이루고자 하는 소박한 꿈들이 다 이뤄지길 바라며 야학 문을 나섰다.

"교육 수준이 높아졌지만 보이지 않는 곳에 교육으로부터 소외받는 이들이 여전히 많아요. 야학이 교육에서 소외된 마지막 한 명까지 보듬어야 하며, 그것이 야학 존재의 이유입니다."

아름다운 신념으로 야학을 운영했던 남기송 교장 선생님이 몇 년 뒤 위암으로 별세했다는 소식을 한 교사로부터 전해 들었다. 야학에 누구보다 많은 열정과 애정을 쏟아부었던 '영원한 교장 선생님'의 명복을 빈다.

"졸업장을 따기까지 80년이 걸렸습니다."

일제강점기인 1934년 경남 사천에서 11남매 가운데 일곱째로 태어난 류옥이 할머니(80). 1945년 해방이 되고 일본인 교사가 떠나면서 할머니가 다니는 학교는 휴교를 했다. 할머니는 더 이상 배움을 이어갈 수 없었다.

성인이 되어 류 할머니와 결혼한 남편은 종종 "대학 다닐 때가 제일 행복한 시절."이라며 회상했고, 류 할머니는 남편의 이야기를 들을 때마다 자신이 경험해 보지 못한 대학 시절을 한 번 경험해 보고 싶다는 생각을 품었다. 하지만 한번 끊긴 배움을 다시 이어갈 기회를 마련하기는 쉽지 않았다. 어쩌면 마지막 기회. 류 할머니는 2013년 최고령 수능 응시자가 되어 서울 소재 전문대 학점은행제 과정 사회복지학과에 입학했다.

꿈에 그리던 고교 졸업장을 받은 류 할머니. 할머니에게 졸업장은 평생의 숙제이자 오랜 설움을 풀어 준 인생의 선물이었다.

80Year

新 가족의 탄생

15

서른여섯 살 딸, 스물여덟 살 엄마

물보다 진한 게 피?

무연고 新 가족 탄생

모습은 달라도 우리는 한 가족

무연고 5남매,
가족이 되다

'서른여섯 살의 딸을 둔 스물여덟 살 엄마.'

새로운 가족이 탄생했다. 부모 형제 없는 무연고의 장애인들이 이룬 가족이다. 서울 개봉동의 작은 빌라에 그 화목한 둥지를 틀었다. 만딸 김윤정 씨(36), 둘째 박민정 씨(22), 셋째 박윤기 군(16), 넷째 고대성 군(9), 막내 신원기 군(8) 이렇게 5남매다. 피 한 방울 섞이지 않고, 성도 다른 다섯 자녀의 '엄마'는 사회복지사인 나영화 씨(28)다. 만딸보다 여덟 살이 어린 엄마다. 둘째 딸은 엄마보다 고작 여섯 살 아래다.

이른 아침은 5남매의 출근과 등교로 명절 앞둔 재래시장처럼 부산스럽다. 대성이와 원기는 밥시간이 다 되도록 방바닥을 이리 뒹굴고 저리 뒹굴고 있다.

"빨리 밥 먹고 학교 가야 돼요."

엄마 영화 씨가 늑장을 부리는 넷째와 막내아들을 부드럽게 보챈다. 아이들이 그렇듯 "예." 하고 건성으로 대답을 한 뒤에도 일어날 기미는 보이지 않는다.

"쥐방울, 신 똥개, 밥 먹고 가야 돼요. 엄마 화날 거야."

엄마의 목소리 톤이 조금 높아졌다. 그제야 넷째 대성이가 몸을 일으킨다. 막내 원기는 버틴다. 막내라 조금 더 허용되는 어리광이자 특권이다. 정작 막내를 깨워서 일으키는 이는 이 상황을 묵묵히 지켜보던 큰형 윤기다. 엄마와 다섯 자녀가 부엌에 북적댄다. 오가는 어깨가 부딪친다. 엄마와 두 딸이 밥과 국, 반찬을 챙기는 동안 윤기와 대성이가 수저를 놓는다. 여섯 가족 모두가 식탁에 둘러앉는다. 간단한 기도와 성호를 그은 뒤 함께 수저를 든다. 둘째 딸 민정 씨가 자잘한 애기를 곁들여 식사의 맛을 더해 준다. 대성이와 원기의 귀여운 투정이 밥상 한가득 웃음을 드리워 놓는다.

맏딸 윤정 씨가 설거지를 하는 동안, 민정 씨가 원기 양치질을 시킨다. 원기를 붙들고 "윗니, 아랫니" 하며 자신의 이보다 정성껏 닦아 준다. 원기의 입 안에 거품이 가득 일자, "먹지 말고 뱉어야 돼." 한다. 막내 원기에 대한 누나와 형들의 보살핌이 지극하다. 설거지를 마친 윤정 씨가 인근 복지관 보호 작업장으로 출근하고, 민정 씨는 '슈거아트' 학원으로 향했다. 집 근처 일반 초등학교에 다니는 대성이가 먼저 나섰다. 특수학교에 다니는 큰형 윤기는 걸음이 불편한 원기와 함께 집을 나섰다.

"다녀오겠습니다."

두 아들은 문밖까지 따라 나온 엄마를 향해 깊숙한 배꼽 인사를 했다.

"잘 다녀오세요."

엄마는 막내를 쓰다듬고 꼭 안아 준다. 윤기는 동생이 넘어질세라 손을 잡고 골목길을 걸어 내려간다. 지그재그로 걸어가는 뒷모습에 신이 나 있었다. 엄마는 아이들이 골목을 돌아 사라질 때까지 바라본다. 전쟁터와 같은 아침. 그제야 엄마 영화 씨는 한숨을 돌렸다.

새로운 가족이 탄생했다.
부모 형제 없는 무연고의 장애인들이 이룬 가족이다

무연고의 5남매는 장애인 시설에서 각자 생활을 해 오다 3년 전 만나 가족을 꾸렸다. 남자 셋, 여자 둘, 성인에서 아이까지 나이와 성비를 고려한 맞춤형 가족이다. 형, 누나, 언니, 동생 등 관계의 개념을 만드는 것이다. 엄마 영화 씨는 지금 보이는 자연스러운 가정의 모습이 만들어지기까지 상당한 시행착오를 겪었다고 했다.

"개개인의 다양성이 존중되지 않는 대형 시설에서 지내며 차려진 것을 먹고, 받는 것에 익숙한 이들이 공동생활 가정을 이루고 유지하는 데에 기초가 되는 '베풂'과 '양보'에 서툰 것은 당연한 일이죠. 또 경계심 같은 '시설병'이 남아서 새로운 환경에 적응하는 데 시간이 필요했습니다. 특히 막내 원기는 처음 와서 극도의 경계심을 보였어요. 누구든 안아 주려 하면 발버둥 치며 '꽤~액' 소리를 질러 댔어요. 그러던 원기가 1년 쯤 지나면서 마음이 열렸습니다. 보셨죠? 원기는 애교와 재롱이 넘치는 아이로 변했습니다. 밝아지고, 서로 배려하고, 스스로 하는 일이 늘기까지는 시간과 노력과 믿음으로 가능했습니다."

영화 씨는 주마등처럼 지나는, 쉽지 않았던 과정들을 떠올렸다. 엄마는 장애 정도와 생활 연령이 다른 자녀의 개별성에 맞게 자극을 주고, 반복 학습을 통해 '일상의 기술' 즉, '자립의 기술'을 습득시키고 있었다.

스물여덟 살
미혼 엄마

공동생활 가정을 이끄는 역할도 역할이지만, 주위의 28세 쯤 되는 평균적 여성들보다 특별한 삶을 사는 영화 씨에게 물었다.

"미혼이신데 '엄마'라 불리는 것이 부담되지 않으세요?"

"'선생님'이라고 하면 딱딱하잖아요. '엄마'라는 호칭에 자녀들이 경험하지 못한 가족의 따스함이 배어 있어요. 부모의 감정으로 친자식처럼 대하려 합니다. 5남매가 대형 시설에서 개성이 무시된 채 어렵고 힘들게 산 것은 충분히 보상받아야 하고 그럴 자격이 있다고 생각해요. 가정을 이룬 것은 그 '보상의 시작'입니다."

자녀들이 학교로 직장으로 썰물처럼 빠져나간 뒤, 엄마는 차 한 잔 마시며 짧은 여유를 갖는다. 다시 일어난다. 이번엔 청소기와 세탁기를 돌리는 등 본격적인 집 안 정리를 시작한다. 정리가 얼추 마무리되자 사회복지사로서의 기본 업무가 시작된다. 개봉 공동체는 가정이면서도 '작은 복지관'이다. 가족 활동에 대한 세부 일정, 자녀들의 성장과 변화 관찰, 예산 지출 등에 대한 꼼꼼한 정리와 기록이 필수다. 영화 씨는 사무적인 일까지 마무리가 됐다고 자녀들이 돌아올 때까지 쉬며 기다리고 있질 못했다. 요일마다 정해진 자녀들의 재활 프로그램도 신경 써야 한다. 매일 다른 일정이지만, 대체로 어려서 좀 더 세심한 재활과 치료가 요구되는 대성이나 원기를 많이 챙긴다고 했다.

집 청소와 업무가 끝난 오후, 영화 씨는 집에서 가까운 복지관으로 가서 자녀들을 만났다. 언어 치료, 교육 재활 등을 받는 원기의 모습을 지켜보았다. 잠깐의 짬을 이용해 복지관 내 보호 작업장에서 일하는 맏딸을 찾았다. 윤정 씨는 색연필 심을 끼우고 있었다. 딸은 작업장을 찾은 엄마와 눈이 마주치자 수줍어하며 웃었다. 작업하는 손이 더 분주해졌다. 엄마는 다시 복지관 강당으로 향했다. 큰 아들 윤기가 가장 좋아하는 태권도 수업을 참관했다. 태권도 사범이 특별히 윤기에게 시범을 주문했다. 엄마는 큰 박수로 아들을 격려했다.

복지관을 서둘러 나선 엄마는 마트에 들러 저녁 국거리와 찬거리를 사서 집으로 향했다. 개인적인 일로 한눈팔 여유도 없이 빡빡한 하루 일과였다. 집에 돌아온 엄마는 저녁 준비를 시작했다. 자녀들이 하나둘씩 돌아온다. 고요하게 가라앉았던 집은 시끌벅적 다시 활기를 되찾는다. 윤기는 집을 나설 때처럼 원기의 손을 꼭 잡고 골목을 뛰듯이 올라왔다. 윤기의 표정이 무척 밝았다. 오후에 엄마가 지켜보는 데서 태권도 시범을 보인 것이 마냥 좋았던 모양이다. 집에 돌아오자마자 누가 시키지도 않았는데 막내를 목욕통에 담갔다. 짓궂은 원기의 장난에 물과 비누 거품이 온 사방에 튀어도 윤기의 얼굴은 여전히 싱글벙글이다. 그 시간 누나들은 빨래를 걷어 차곡차곡 정리했다.

목욕한 뒤 말끔해진 원기의 갑작스런 투정에 심성이 고운 대성이가 과자로 달래 본다. 이유 없이 고조된 원기의 심통은 누나, 형들에게 폭발했다.

"야!"

날카로운 고함을 지른다.

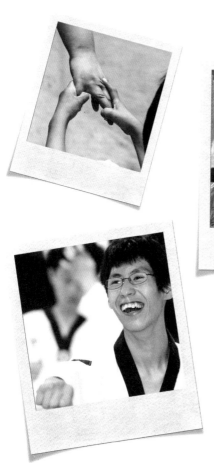

엄마의 즉각적인 불호령이 떨어진다.

"사과하세요!"

씩씩거릴 뿐 반응이 없다.

"원기! 벽 보고 손드세요."

원기는 쭈뼛쭈뼛 벽으로 걸어가 벽을 향해 서서 손을 들었다. 울먹이며 힐끗힐끗 뒤돌아본다.

"미안해."

그제야 형과 누나에게 사과를 한다. 금세 밝아져 형과 누나 틈에 끼어 장난질이다.

저녁 밥상은 거실에 차려졌다. 아침보다 여유가 있어 요리도 함께 한다. 시설처럼 다 차려진 음식에 수저만 드는 것이 아니다. 요리를 직접 만들어 보는 것도 중요한 훈련이다. 다섯 자녀들은 생활 연령이 실제 나이보다 어리기 때문에 개인의 생활 연령에 따라 계절에 맞는 옷 입기부터, 세탁기 돌리기, 문단속, 가스레인지 사용, 물건 구입하기 등 개인 과제를 반복적으로 익힌다. 또 은행이나 마트가기 등 경제활동이나, 산행이나 공연 관람, 노래방, 볼링장 이용 등 여가 활동도 빼 놓을 수 없는 일이다. 일상에서 비장애인들과 대면하는 활동이기 때문이다.

뒤늦게 찾은
행복

　　　밥상을 물리자 각자 숙제, 받아쓰기, 방청소, 용돈 기입장
정리 등을 한다. 그리고 하루를 정리하는 가족회의가 열렸다. 회의의
형식은 거실에 둘러앉아 돌아가며 하는 기도였다. 기도에는 하루에
대한 반성과 감사와 배려가 들어있었다.

"늘 웃음 넘치는 가족 되게 해 주세요. 감사합니다."

자녀들의 기도는 대게 그렇게 끝났다. 자녀들이 각자의 방으로 돌
아간 뒤 영화 씨와 대화를 이어갔다.

"거북이처럼 더디게 가지만 그 안에 활화산 같은 에너지가 숨어
있어요. 발달하는 과정과 변화되는 모습이 가슴 깊이 느껴져 뿌듯해
요."

다섯 자녀를 챙기는 게 보통 일인가.

"지쳐 있으면 아이들이 개그와 율동을 동반한 '쑈'로 풀어 줍니다.
아플 때는 병간호까지 해 줘요. 엄마로서 또 사회복지사로서 자녀들
이 한 발짝씩 앞으로 내디디는 모습이 고맙고 또 행복한 일입니다."

다음 날, 일찍 귀가한 민정 씨가 엄마와 부엌 식탁에 마주 앉아 콩
나물을 다듬었다. 민정 씨가 하루 동안 있었던 일들을 미주알고주알
얘기했다. 설탕공예 학원에서 장미와 데이지 꽃을 만든 얘기가 한참
동안 이어졌다. 또 넘어져 눈 밑을 꿰맨 막내 원기 걱정에 한숨짓기도

그룹홈, 소외된 사람들과 지역을 연결하다

그룹홈은 가족이 아닌 사람들이 모여
공동생활을 할 수 있도록 한 시설로, 7인
이하의 사람들이 함께 생활하며 치료를
받는 소그룹 공동체를 말한다.
30여 년 전 스웨덴에서 처음 시작되었으며,
한국에는 1992년 처음 등장했다.
당시 서울시는 한 명의 생활 보조인을
지정해 혼자서는 정상적인 가정생활이
어려운 정신지체 장애인들을 복지 시설이
아닌 일반 주택에 모여 함께 생활하도록
했는데, 입주자와 아이들의 부모는 물론
그룹홈이 있는 지역 주민들에게서도
긍정적인 반응을 얻었다.

동행은 가능하다

했다. 끝말잇기 하듯 주거니 받거니 대화는 꼬리를 물며 계속 흘러갔다. 모녀의 대화를 가만 듣고 있자니, 민정 씨는 자신이 말할 차례에는 반드시 "엄마!" 하고 부른 뒤 얘기를 시작했다. 그 두 음절의 단어에 사랑과 정, 애교가 담뿍 실렸다. 가족을 얻기까지 긴 세월 불러 보지 못한 '엄마'를 원 없이 불러 보려는 것처럼, 뒤늦게 찾은 이 행복을 맘껏 누려 보려는 것처럼, 이 시간이 영원하기를 바라는 것처럼.

"많은 걸 배우고 있어요. (훗날) 혼자 살 수도 있을 것 같아요. 결혼도……."

제과 제빵사를 꿈꾸는 민정 씨는 부끄러운지 조금 과장되게 웃어 보였다.

"엄마가 친구 같아 좋지만, 조금 무섭기도 해요. 하하하."

엄마가 잠시 자리를 뜨자, 민정 씨는 히죽거렸다. 크지 않은 목소리로 귀띔하듯 했지만, 일부러 그런 것인지 저만큼 떨어져 있는 엄마의 귀에 들렸다.

"뭐?"

듣던 엄마가 살짝 눈을 흘겼다. 모녀는 서로를 바라보며 한참 소리내 웃었다.

"엄마. 엄마."

골목 어귀에서 집으로 돌아오는 아이들의 목소리가 먼저 집 안으로 달려들었다.

"우리 아들. 예쁜 아들."

엄마는 품에 달려드는 아이들을 안고 쓰다듬고 입을 맞췄다. 텅 빈 것 같던 빌라가 금세 사랑과 행복으로 가득 채워지고 있었다.

이보다 아름다운 가족이 있으랴. '물보다 진한 게 피'라지만 피 한 방울 섞이지 않은 영화 씨네의 '가족애'는 피보다도 훨씬 더 진하게 느껴졌다.

16 평화는 언제 오는가

내 집 앞에 떨어진 포탄의 공포

피난길에 두고
온 누렁이

　　며칠간 머물던 연평도를 떠나는 날 아침, 안개가 짙었다. 작별을 앞둔 마을을 한 곳 한 곳 눈에 새기며 천천히 한 바퀴 돌았다. 민박집에서 마지막 아침 밥상을 받으며 배 시간을 확인했다. 이미 연평도로 향해 인천항을 떠났어야 할 배가 안개로 뜨지 못하고 있다는 녹음된 음성이 전화기에서 흘러나왔다. 시계가 확보되는 대로 배가 뜰 예정이란다. 비슷한 수준의 안개가 꼈던 전날도 정상적으로 운항했던 배라 '설마 안 뜨겠는가' 했다. 안개는 걷히지 않았고 결국 여객선은 뜨지 못했다. 섬에서의 연장된 하루는 왠지 까마득했다. 섬에 홀로 남겨진 것처럼 새삼스런 외로움을 느꼈다. 사진을 찍기 위해 지난 며칠 배회했던 마을을 버릇처럼 터덜터덜 걸었다. 눈에 익은 어느 골목어귀에 들어서자 멀찌감치 개가 보였고, 개에게 다가서는 할아버지의 모습이 보였다. 느리게 전개되고 있는 이 장면은 서정적이면서 한가롭게 다가왔다. '바로 이거다' 싶었다.

　배가 정상적으로 들어왔다면 보지 못했을 장면이다. 연평도에 들어와서 기록했던 사진 중 가장 상징적이고 마음에 든 사진은 그렇게 찍힌 것이다.

　최남식 할아버지(81)는 새끼에게 젖을 먹이고 있는 '누렁이'에게 다가갔다. 개의 앞발을 잡아 일으켜 볼을 대보고 입을 맞췄다. 안은 채 목덜미를 시원하게 쓰다듬고 가만히 들여다보더니 다시 입을 맞추고

새끼에게 젖을 먹이고 있는
'누렁이'에게 다가갔다.
개의 앞발을 잡아
일으켜 볼을 대 보고
입을 맞췄다

볼 비비기를 반복했다.

"북한 포탄이 터지고 정들었던 이 녀석을 버리고 섬을 떠났지. 애완견을 안고 피란 떠나는 사람도 있었지만, 누렁이는 너무 커서 데리고 갈 수 없었어."

발을 잡고 일으키면 할아버지의 어깨 높이까지 오는 덩치의 누렁이다. 보아하니 함께 떠나는 애완견에 비해 사랑을 덜 받지도 않았을 것이다. 유사시에 함께 하느냐, 버려지느냐 하는 것이 '가족 같은 개'의 기준이라면 누렁이는 좀 억울할 것도 같다. 연평도에 포탄이 떨어지는 초유의 사태에 노부부는 간단한 짐만 챙겨 선착장으로 향했다.

'저 녀석을 다시 볼 날이 있을까? 저 홀로 굶어 죽지나 않을까?'

떠나는 할아버지는 누렁이를 걱정했다. 김포의 한 아파트에서 임시로 거주하면서도 연평도를 그릴 때면 남겨진 누렁이를 떠올렸다. 그리고 할아버지 부부는 석 달 만에 연평도로 돌아왔다. 누렁이는 사라지지도, 굶어 죽지도 않고 늘 있던 그 자리에서 할아버지 부부를 반갑게 맞았다고 했다. 꼬물꼬물 앙증맞은 세 마리의 새끼와 함께.

"볼수록 신기하고 대견해. 복덩이지 복덩이."

연평도에는 개들이 참 많다. 가끔 골목에서 무리 지은 개들이 지나는 사람을 흘깃흘깃 쳐다본다. 견공들의 구역에 이질적인 내가 들어온 것 같다는 생각이 들 정도다. 사람이 떠나 있던 동안 연평도는 온전히 개의 마을이었을 것이다. 이 마을의 개들은 날카롭게 짖거나 위협적이지 않은 순하디순한 개들이다. 문득 이런 생각이 들었다.

'저 개들은 포격에 얼마나 놀랐을까? 두렵지 않았을까? 짐 챙겨 떠나는 주인을 어떤 눈으로 바라봤을까?'

어쩌면 개들은 포격보다 사람들이 일제히 떠나 버린 텅 빈 마을의 낯섦이 더 큰 두려움이었을지 모르겠다. 개들은 사람들이 빠져나간 석 달 동안 고립과 배고픔을 견뎠던 것이다. 그새 새끼도 많이 낳았다. 공포가 본능을 자극했을까. 개 한 마리 한 마리가 평범해 보이지 않았다. 최남식 할아버지의 '누렁이'처럼. 주인에게 버려졌던 포격의 경험은 개들에게도 아픔과 상처로 남았으리라.

또 한 번의
피란

차 한잔 하고 가라는 최 할아버지 부부의 호의를 거절하지 못해 집 안으로 들어갔다. 커피를 내오며 할머니는 얘기했다.

"아직 속이 답답하고 손발이 부르르 떨려요. 풍선 터지는 소리에도 가슴이 내려앉아. 하지만 나가서는 도저히 못 살겠어요. 내 집만 못해. 집이 젤 좋더라고."

할머니의 이름이 '고얌전'이라고 했을 때 나의 표정을 살짝 살피던 할아버지가 웃으며 부연했다.

"6·25 전쟁통에 호적이 사라져서 예명인 '얌전'을 호적에 다시 올린 거야."

전쟁이 바꿔 놓은 이름이었다. 그러고 보니 반세기가 넘는 세월이 흘러 경험한 또 한 번의 피란 생활이었다. '이번에는 할머니 호적이 '얌전'히 남아 있었지요?'라고 농담할 뻔했다.

"다시 들어와 첫날밤에는 행여나 싶어 바깥의 작은 소리에도 신경이 쓰였지. 하루 이틀 지나니까 괜찮아 지더라고. 놀란 가슴이라, 다시 한 번 (포탄이) 떨어지면 못 살지."

할아버지의 표정이 어두워졌다. 연평도로 돌아온 지 일주일. 노부부는 포격 이전의 일상을 되찾아 가고 있었다. 누렁이와의 장난도 다시 찾은 소중한 일상이었다.

석 달간 객지에서의 피란을 경험했던 주민들이 돌아오면서 연평도 섬마을은 활기를 띠기 시작했다. 인적이 끊겼던 마을에 발자국 소리가 스미고, 썰렁했던 골목과 학교 운동장에 아이들의 웃음이 떠다녔다. 누렁이처럼 버려졌던 그 많은 개들도 각기 제 주인 옆에 꼭 달라붙어 열심히 꼬리를 흔들어 댔다.

생의 기운이 공기 중에 녹아들고 있었지만 골목골목 포격의 생생한 흔적은 그대로 남아 있었다. 포탄이 지붕을 때려 형체도 없이 내려앉은 집들을 보며 그 처참함에 눈살이 찌푸려졌다. 하지만 포격의 공포를 직접 경험하지 못해서인지, 아니면 사무실에 앉아 현장의 사진과 영상을 반복적으로 봐 와서인지, 나는 '확실한 바로 그 현장'을 앞에 두고 이 폐허를 '비현실적'으로 받아들이고 있었다. 어쩌다 호기심 많은 관광객이 포격 현장을 배경으로 기념사진을 찍는 것도 이런 비

휴전협정 이래 57년 만에 발생한 최초의 대규모 군사 공격

연평도 포격사건은 북한이 대한민국의 영토를 직접 타격하여 민간인이 사망한 최초의 사건. 대한민국 해병대는 피격 직후 대응사격을 가했으며, 대한민국 국군은 서해 5도에 진돗개 하나를 발령한 뒤, 곧 전군으로 진돗개 하나를 확대 발령했다.

이 사건으로 인해 대한민국의 해병대원 전사자 2명(서정우 하사, 문광욱 일병), 군인 중경상 16명, 민간인 사망자 2명(김치백, 배복철), 민간인 중경상 3명의 인명 피해와 각종 시설 및 가옥 파괴로 재산 피해를 입었다.

현실성에서 비롯된 것일까.

분단국가에 함께 살면서도 북한의 포격을 바라보는 불안과 공포의 크기가 저마다 다를 것이다. 연평도 주민과 외지인이 인식하는 포격에 대한 구체성이 같지 않은 것은 당연한 일이다. 폐허 앞을 지나는 마을 사람들은 아이나 어른 할 것 없이 포격 현장에 굳이 시선을 두려 하지 않았고 빠른 걸음으로 지나갔다. 내 마을에, 내 집 앞에 떨어진 포탄의 공포는 그렇게 구체적인 것이었다.

60년 넘도록 전쟁을
모르고 살았지만

포격의 흔적이 가장 심한 연평로 167번 길은 피폭의 잔해가 낭자한 골목이다. 걸음을 옮길 때마다 깨진 유리 조각들이 밟혔다. 오정옥 할머니의 집에서는 인부들이 포격의 충격으로 깨지고 뒤틀려 버린 창틀을 새로 갈아 끼고 있었다. 당시 할머니의 집에서 한 집 건너 집에 포탄이 떨어졌고, 옮겨붙은 불은 바로 옆집까지 흉측한 몰골로 남겨 놓았다. 할머니는 오래된 집과 어울리지 않는 새 창틀을 바라보며 포격을 회상했다.

"남편 몸이 불편해 어디 나가지도 못하고 집에 있었어요. 가까이에 포탄이 떨어지는 소리를 들었고 불이 옮겨붙어 옆집이 타고 있을 때 남편을 휠체어에 실어 겨우 탈출 했어요."

얼마나 속을 태웠을까, 그 두려움이 전해졌다.

"60년 넘도록 전쟁을 모르고 살았으니…… 이제는 무서워요. TV에서 총소리만 나도 깜짝 놀라요."

여전한 공포를 얘기하면서도 할머니의 얼굴에는 미소가 피어났다. 포탄이 떨어진 곳에서 20미터도 안 될 거리의 집에서 부부는 무사했고, 한동안 비웠던 집이 비교적 온전하니 마음이 한결 가벼운 것이다. 공사 인부의 모습이 비친 거실 거울 옆에 자식과 손주의 사진이 걸려 있었다. 섬으로 돌아와 다시 찾아가는 일상의 여유는 할머니의 말투에도 묻어 있었다.

"거기 인물 좋은 양반, 이제 그만하고 이리 들어와서 과일 좀 들어요."

창틀 작업 인부에게 한마디 툭 던진 할머니는 연방 싱글벙글이다.

"그렇게 좋으세요?"

"아무렴 바다가 좋지요. 육지는 답답해."

완전히 무너져 수리, 보수가 아예 불가능한 집 주민들은 연평초등학교 운동장에 마련된 임시 주택에 짐을 풀었다. 모두 39개 동이었다. 화장실이 딸린 5평이 조금 넘는 집이다. 올해 중학교 2학년이 된다는 박병환 군은 공동 세탁실에서 막 가져온 빨래를 집 앞 간이 건조대에 널고 있었다.

"수업 중에 포격이 있었어요. 평소 훈련 포성을 많이 들어서 일이 이렇게 커질 줄 몰랐어요. 2차 포격 때는 대피소도 무너지는 줄 알았어요. 무서웠어요."

피란 생활을 하고 돌아와 보니 많이 달라졌고 어색했다.

"흔적이 없어진 집을 보고 눈물이 핑 돌았어요. 불안하고 무섭지만 어떡하겠어요? 돌아왔으니 공부 열심히 해야죠."

가족과 함께 김포에 머물다 연평도로 돌아온 병환 군은 큰일을 겪은 때문인지 또래보다 의젓했다.

"임시 주택이 좁고 불편하지만, 고향 연평도가 김포보다 나아요. 집이 빨리 복구됐으면 좋겠어요."

돌아와 임시 주택에 살게 된 박옥환 할아버지는 경운기를 타고 학교 운동장을 가로질러 교문 밖으로 나섰다. 골목으로 접어든 할아버지는 포탄에 맞아 내려앉은 집 앞에 경운기를 세웠다. 지나다니면서 보던 처참한 모습의 가옥 중 한 곳이 바로 박 할아버지의 집이었다. 할아버지는 새까맣게 타 버린 가재도구와 집기, 무너진 벽과 지붕이 뒤엉긴 더미 위를 조심조심 밟고 뒤뜰로 들어갔다. 섬으로 돌아온 지 사흘째, 할아버지는 몸이 근질거리는 모양이다.

"할아버지 뭐 찾으세요?"

"그물을 걸 수 있는 쓸 만한 말뚝을 찾아요."

할아버지는 조금 뒤 불에 그슬린 쇠말뚝을 찾아와 살피더니, "물이 들어오면 불에 탄 쇠는 견디지 못해." 하고는 말뚝을 단념했다. 대신 한쪽 구석에 용케 타지 않은 그물을 챙겨 들었다.

"부모가 물려준 내 집, 내 고향만 한 곳이 있나. 나가면 늙은이들은 해 먹을 것도 없어. 먹고살아야지. 고향을 어떻게 버릴 수 있나. 포격 후 집 떠날 때는 정말 울고 싶었어. 조마조마하지만 다시 들어올 수 있는 것은 감사할 일이지. 취로 사업도 나가고, 그물 치고 고기 잡아 가까운 친척들과 나눠 먹고……."

그물을 경운기에 실으면서 할아버지의 마음은 이미 바다로 향해 있었다. 이날 할아버지 부부는 임시 주택에서 할머니가 직접 바다에 나가서 잡은 것들을 저녁 찬으로 먹었다.

"일하고 먹는 맛은 확실히 달라."

밥상 뒤쪽에서 손자는 초저녁부터 곯아떨어졌다. 오랜만에 만난 친구들과 신나게 뛰어논 모양이었다.

"손자 놈이 집에 가방 휙 던져 놓고 놀러 나가고 한 10분 뒤쯤 집에 포탄이 떨어졌어. 놀라서 정신없이 녀석을 찾다가 대피소에서 만나 가슴을 쓸어내렸지."

할아버지는 집은 폐허가 됐지만 포격 속에서도 가족의 무사함을 감사하고 또 감사했다.

"웃어야지, 허허허."

봄 되면 본격적으로 산과 바다를 누빌 생각에 노부부는 들떠 있었다.

집과 골목에 켜진 등이 연평도의 까맣던 밤을 오랜만에 밝혔다

질긴 삶,
질긴 생업

포격 전이나 후나 한결같은 것은 바다뿐이다. 무슨 일이 있기라도 했냐는 듯 밤새 섬을 가만히 안으며 밀려왔던 물이 다시 빠져나가는 시간, 구부정한 할머니들은 유모차를 밀고 바다로 나갔다. 연평도로 돌아와 숨을 고를 틈을 허락하지 않고 다투어 바다로 향하는 이유는 '굴' 때문이었다. 주민이 떠나 있던 석 달 정도 사람 손을 타지 않아 굴이 많다고 했다. 갯가에서 굴을 따는 정명녀 할머니에게 다가갔다. 허리를 펴지도 않은 채 대뜸 말씀하신다.

"연평 굴 맛 보갔어?"

이북 억양의 할머니는 갈쿠리로 굴 껍질을 찍어 벌린 뒤 익숙한 솜씨로 굴을 낚아채 불쑥 내밀었다. 뾰족한 갈쿠리에 걸린 굴을 어떻게 받아먹어야 할까 잠시 망설이다 입을 벌렸다. 혀로 굴 껍질을 밀어내며 씹었다. 너무 짰다.

"할머니 싱싱한데요. 이런 거 서울에서 못 먹습니다."

만족스런 표정으로 너스레를 떨었다. 할머니가 카메라를 둘러멘 나의 모양새를 보고 굴 한 점 먹여 다른 데로 보낼 심산이리라 생각했다.

"자 하나 더~."

또 굴을 내밀었다. 먼저 준 것도 삼키지 못했는데 다시 혀로 날름 받았다. 한 번 주면 정 없다는 섬마을 연평의 인심이 아니겠는가.

"6·25 때 피란 나오면서 통일되면 돌아가려고 고향 가까운 이곳에 살았지."

할머니의 고향은 산 너머에서 빤히 바라다 보이는 북한 지역이다. 그곳도 '옹진'이라고 했다. 그리던 고향 땅에서 날아든 포탄. 그리고 피란. 할머니의 마음은 어땠을까?

갯가의 할머니들은 물이 몇 걸음 앞으로 다시 들어올 때 까지 허리 숙여 굴을 땄다. 6~7시간 정도 작업을 한 할머니들은 유모차 안장에 굴을 한 소쿠리 가득 실었다. 굽은 몸으로 유모차를 밀며 집으로 향했다. 지쳐 느릿한 걸음이지만 주름진 얼굴에는 다시 찾은 기쁨이 골마다 새겨졌다. 굴 한 관(4킬로그램)은 5만 원쯤 한다. 할머니들이 공기 탁하고 할 일 없어 갑갑했던 피란처에서 돌아오자마자 서둘러 바다로 달려간 것은 그것이 쏠쏠한 벌이면서, 그동안 빼앗겨서 더 간절했던 즐거움이었기 때문이다.

갯가에서 한낮을 다 보내고 돌아온 할머니들이 유모차를 밀고 골목을 지날 때까지 마을 곳곳에 뚝딱거리는 망치 소리는 계속됐다. 해가 지자 복구 공사 소리는 멎었다. 집집마다 연통에 연기를 피워 올리며 저녁을 준비했다.

"탁탁탁탁."

이번엔 칼과 도마가 부딪치는 흥겨운 소리들이 골목을 채워 넣었다. 조용한 마을에 삶의 소리들이 시린 밤공기에 실려 이리 밀리고 저리 흘렀다. 집과 골목에 켜진 등이 연평도의 까맣던 밤을 오랜만에 밝

"우리의 소원은 통일, 꿈에도 소원은 통일"

어렸을 때부터 불러 온 이 노랫말에
정말 공감할 사람이 얼마나 될까.
더 이상 '통일'이란 말은 가슴 뜨겁고
설레는 말이 아닌, 진부한 주제가
되었다.
남북한이 분단된 현실에서는 평화와
자유, 안전도 보장할 수 없다.
지금, 우리는 어떤 미래를 그리고
있는가.
통일에 대한 생각은 우리가 그릴
미래에 대한 단초를 제공한다.

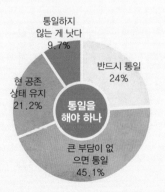

통일하지
않는 게 낫다
9.7%

반드시 통일
24%

현 공존
상태 유지
21.2%

통일을
해야 하나

큰 부담이 없
으면 통일
45.1%

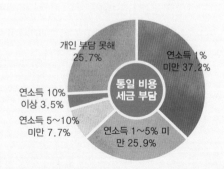

개인 부담 못해
25.7%

연소득 1%
미만 37.2%

연소득 10%
이상 3.5%

통일 비용
세금 부담

연소득 5~10%
미만 7.7%

연소득 1~5% 미
만 25.9%

통일에 대해 찬성한다는 의견이 69.1퍼센트로 나타났고, 통일에 반대한다는 의견은 30.9퍼센트로 나타났다. 10명 가운데 7명은 통일에 긍정적이었다. 통일 비용으로 늘어나는 세금 문제에 관해서는 세금을 부담할 의향이 있다가 74.3퍼센트, 개인 부담은 할 수 없다는 의견이 25.7퍼센트로 나타났다. 통일 과정에서 우려되는 점은 통일 비용 부담이 49퍼센트, 실업 및 사회 혼란이 20.3퍼센트로 나타났다. 통일을 위해 차근차근 해 나가야 할 현안으로는 남북 경제 교류와 협력이 20.8퍼센트를 차지했다.

통일에 대한 온도 차. 당신의 생각은?

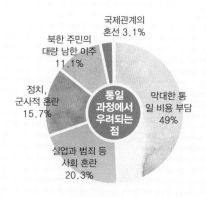

국제관계의 혼선 3.1%
북한 주민의 대량 남한 이주 11.1%
정치, 군사적 혼란 15.7%
통일 과정에서 우려되는 점
막대한 통일 비용 부담 49%
실업과 범죄 등 사회 혼란 20.3%

남한 경제 성장 12.2%
남북 경제 교류 20.8%
통일을 위한 선결 과제
문화, 인적 교류 16.7%
이산가족 왕래 19%

출처:KBS '국민 통일의식에 대한 여론조사 2013년'

혔다.

  연평도에 봄바람이 살랑 불었다. 이른 아침 골목 어귀에서 한 주민이 균열을 메우고 창을 새로 해 넣은 벽에 페인트칠을 하고 있었다. 봄처럼 경쾌하고 밝은 노란색을 칠하며 콧노래를 흥얼거리고 있었다.